Kordula Werner

Babybreie
selbst gemacht

Gesund, natürlich und schnell

Alle Informationen und Anleitungen in diesem Buch sind von Autorin und Verlag nach bestem Wissen und Gewissen sorgfältig erwogen und geprüft. Autorin und Verlag übernehmen jedoch keine Haftung für etwaige Schäden, die sich aus dem Gebrauch oder Missbrauch der in diesem Buch vorgestellten Tipps und Informationen ergeben.

Bibliografische Information Der Deutschen Nationalbibliothek
Die Deutsche Nationalbibliothek verzeichnet diese Publikation in der Deutschen Nationalbibliografie; detaillierte bibliografische Daten sind im Internet über HYPERLINK "http://dnb.d-nb.de" http://dnb.d-nb.de abrufbar.

© 2007 vgs
verlegt durch EGMONT Verlagsgesellschaften mbH, Gertrudenstraße 30-36, 50667 Köln
Alle Rechte vorbehalten

Bildnachweis:
S. 7, 9, 11, 13, 21, 23, 29, 70: Mauritius – Die Bildagentur;
alle übrigen Fotos: Food-Foto Köln, Jürgen Holz, Assistenz: Christian Pompetzki.

8. Auflage
Redaktion: Katja Fauth
Produktion: Angelika Rekowski
Umschlagfoto: Getty Images
Umschlaggestaltung: Sens, Köln
Layout und Satz: Veronika Richter
Druck & Verarbeitung: Westermann Druck Zwickau
ISBN 978-3-8025-1499-9

www.vgs.de

Inhalt

Vorwort	5

Bester Start mit Muttermilch | 7

Der erste Schluck Muttermilch | **8**

Vorteile der Muttermilch	8
Ernährungstipps für die stillende Mutter	10
Tipps fürs Stillen	10
Zur Technik des Stillens	11
Vorteile des Stillens gegenüber der Flaschennahrung	12
Vitamin D und Fluorid	12
Sättigung und Trinkmengen	13
Zusätzliches Trinken in der „Milchphase"	14

Die Alternativernährung mit Fertigmilch | **15**

Was ist was im Supermarktregal?	15
Spezialmilch	15
Zubereitung von Fertigmilch	16
Die richtige Lochstärke für Sauger	17
Selbst gemachte Säuglingsmilch	18

Das allergiegefährdete Kind | **19**

Allergien im Säuglingsalter	19
Wann ist Vorsicht geboten?	19
Bekannte Allergieauslöser	20
Kuhmilcheiweißallergie	20
Zöliakie	21

B(r)eikost – Schritt für Schritt | 23

Die Beikost | **24**

Babykost aus dem Glas oder selbst kochen?	25
Selbst gemacht – So geht's einfach, schnell und praktisch	26
Die Beikostnahrung	28
Trinken in der „Breiphase"	30
Der erste Löffel Möhrchenbrei	31

Die Rezepte   33

Die Mittagsbreie ab 4$^1/_2$ Monaten oder später   34
Rezepte   34

Mittagsbreie ab dem 5./6. Monat   37
Der Gemüse-Kartoffel-Fleischbrei   37
Rezepte   37

Leckere fleischlose Mittagsbreie   44
Rezepte   44

Abendbreie ab dem 6. Monat   50
Der Vollmilch-Getreidebrei   50
Kuhmilch im ersten Lebensjahr   50
Rezepte   52

Breie für den Nachmittag ab dem 7. Monat   56
Der Getreide-Obstbrei   56
Rezepte   56

Menüs ab dem 10. Monat   60
Wenn große Babys schlemmen   60
Das Frühstück   61
Mittagsmenüs   62
Das Abendessen   66
Ab und zu ist Naschen erlaubt   68

Essen auf Vorrat   72

Beikost nach dem Baukastenprinzip   73
Speiseplan für den 4. Monat   73
Speiseplan für den 5./6. Monat   74
Speiseplan für den 7./8./9. Monat   75

Grafik: Ernährungsplan für das 1. Lebensjahr   78
Anhang   79
Register   79

Vorwort

Nach den Anstrengungen der letzten Schwangerschaftswochen und dem großen Finale ist er jetzt endlich da, der kleine Sauger und ... er hat Hunger! Sein Magen ist noch winzig klein, deswegen verlangt er mehrmals am Tag (und nachts) meist sehr energisch und geräuschvoll seine Milchmahlzeit. Füttern ist jetzt aber nicht die einzige Aufgabe, die Sie erwartet. Daneben stehen baden, pflegen, trösten, beschäftigen, Windeln wechseln, schaukeln und kuscheln auf dem Programm.

In diesem Ratgeber finden Sie zunächst alles Grundlegende zum Thema Babyernährung zusammengefasst. Er bietet praktische Unterstützung rund ums Stillen und die ersatzweise Flaschenernährung mit Fertigmilch. Darüber hinaus informiert er in Fragen der Allergiegefährdung und -vorbeugung.

Im Alter von fünf bis sieben Monaten wird es dann Zeit für die erste Beikost. Vor dem Aufbau eines Speiseplans steht die grundsätzliche Überlegung: Soll ich Babybreie selbst kochen oder sie kaufen? Selbst kochen macht sicherlich mehr Mühe, als ins Regal zu greifen, doch überwiegt der Nutzen bei weitem. Deswegen finden Sie in diesem Buch zahlreiche Rezepte mit vielen Anregungen zur eigenen Zubereitung von Säuglingsnahrung.

Ein zentrales Thema im ersten Lebensjahr ist die bedarfsgerechte Ernährung, denn nie wieder ist sie so wichtig wie in diesem Lebensabschnitt. Im Verhältnis zu seinem Körpergewicht braucht Ihr Säugling besonders viel Nährstoffe und geballte Energie, und dies in einer Form, die seinen speziellen Essfähigkeiten und Nahrungsbedürfnissen optimal angepasst ist.

Sie können sicher sein, dass Ihr Baby mit den selbst gekochten Breien all das bekommt, was es wirklich braucht, und dass Überflüssiges erst gar nicht aufs Tellerchen kommt. In der Babyernährung ist weniger nämlich mehr. Die Anzahl der Zutaten für die Breirezepte ist überschaubar, das Baby wird langsam und allmählich mit neuen Lebensmitteln vertraut gemacht. Diese Vorgehensweise bietet zudem einen guten Schutz vor Allergien bzw. ermöglicht das schnelle Aufspüren von Allergieauslösern und deren weitere Vermeidung.

Wenn Sie die Rezepte nachkochen wollen, werden keine kulinarischen Höchstleistungen von Ihnen erwartet. Alles geht einfach und relativ schnell und die Breie und Gerichte sind vor allem eins: gesund! Vom ersten Möhrchenbrei bis hin zu den abwechslungsreichen Mittags- und Abendbreien – wie dem Fenchel-Bananenbrei mit

Lammfleisch oder dem Hirseflockenbrei mit Birnen-Traubenmus –, Sie wissen immer genau, aus welchen Zutaten sich die Breie tatsächlich zusammensetzen. Und nebenbei erlernt Ihr Kind schon sehr früh eine richtige Ernährungsweise, die den Grundstein legt für gutes Wachstum in jungen Jahren und eine gute Gesundheit bis ins hohe Alter!

Alle Breirezepte entsprechen den aktuellen Empfehlungen des Forschungsinstitutes für Kinderernährung in Dortmund. Für deren Ernährungsplan, der auch von der Ernährungskommission der Deutschen Gesellschaft für Kinderheilkunde und Jugendmedizin empfohlen wird, wurden neueste wissenschaftliche Erkenntnisse umgesetzt. Neben den Breirezepten finden Sie zahlreiche Rezepte zur abwechslungsreichen Ernährung für die Zeit gegen Ende des ersten Lebensjahres, wenn Ihr Kind mit seinen ersten Zähnen bereits „feste" Nahrung zu sich nehmen kann. Falls Sie Ihr Baby vegetarisch ernähren wollen, gibt es ein Kapitel mit vielfältigen Rezeptvorschlägen für fleischlose Breie sowie Tipps, worauf Sie bei der vegetarischen Ernährung besonders achten sollten.

Wenn Sie Zeit sparen möchten, sollten Sie die Vorschläge zur Vorratserstellung beachten. Hier werden – jeweils für einen Monat im Voraus – größere Portionen zubereitet, so dass sich die tägliche Zubereitungszeit auf das Erwärmen der tiefgekühlten Vorratsbreie reduziert. Das gilt zumindest für die Mittagsmenüs; der Getreide-Obstbrei für nachmittags und der abendliche Vollmilch-Getreidebrei werden hingegen jeden Tag frisch zubereitet.

Dieses Buch soll Ihnen helfen, zumindest die gesunde Ernährung zu einem Kinderspiel zu machen. Damit Sie jede Menge Zeit und Muße haben für all die schönen Dinge, die Sie im ersten Lebensjahr mit Ihrem Kind erleben dürfen.

Bester Start mit Muttermilch

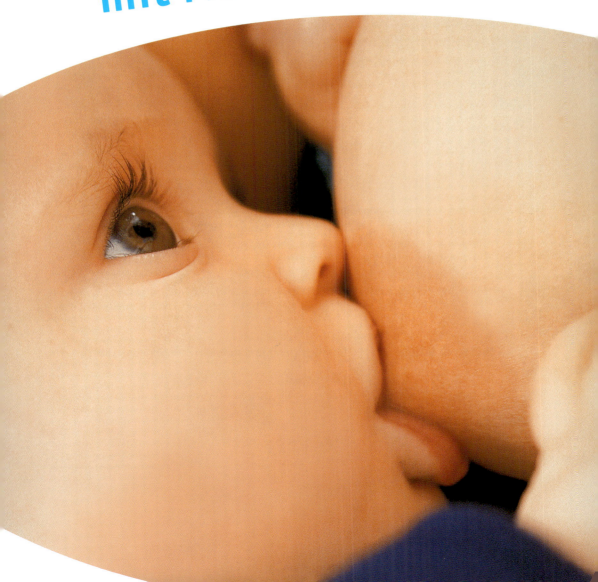

Der erste Schluck Muttermilch

Muttermilch ist die optimale Nahrung für ein Neugeborenes – das ist inzwischen wissenschaftlich bestätigt und wird von niemandem mehr ernsthaft bezweifelt. Doch das war nicht immer so. Die Einstellung zum Stillen hat sich mit der Zeit immer wieder grundlegend geändert. Mal war das Stillen in, mal war es verpönt und wurde Ammen überlassen, und selbst in der jüngsten Vergangenheit war es gängig, Babys mit der Flasche großzuziehen.

Erst seit den 80er Jahren hat mit der Verbreitung des Wissens um die positiven gesundheitlichen Wirkungen der Muttermilch ein Umdenken eingesetzt. Heutzutage erhält eine Mutter, die stillen möchte, viel Unterstützung und sollte auch nur in Ausnahmefällen, z. B. bei Einnahme bestimmter Medikamente auf das Stillen verzichten.

Es wird empfohlen, direkt nach der Geburt mit dem Stillen anzufangen. Dann ist der angeborene Such- und Saugreflex des Babys am intensivsten, und das Kind kommt frühzeitig in den Genuss wertvoller Schutzstoffe, die besonders zahlreich in der ersten Milch, der so genannten Kolostralmilch, enthalten sind. Das Baby wird anschließend immer nach Bedarf gestillt, d. h. also immer dann, wenn es Hunger hat. Das sind im Schnitt acht bis zehn Milchmahlzeiten in 24 Stunden.

Mumi ist das Beste – Vorteile der Muttermilch
- Muttermilch ist die natürliche und beste Nahrung für das Baby.
- Ihre Zusammensetzung ist optimal auf die Bedürfnisse des Säuglings zugeschnitten.
- Muttermilch ist leicht verdaulich.
- Sie bietet Schutz vor verschiedenen Krankheiten, z. B. Magen-Darm-Infektionen.
- Ausschließliches Stillen in den ersten Monaten hilft, Allergien vorzubeugen.
- Muttermilch ist stets verfügbar, hat die richtige Temperatur und ist hygienisch einwandfrei.

Zusammensetzung von Muttermilch (reif) und Kuhmilch bezogen auf 100 g

	Muttermilch	Kuhmilch
Energiegehalt (kcal)	69	64
Wasser (g)	87,5	87,7
Protein (g)	1,13	3,34
Fett (g)	4,03	3,57
Linolsäure (g)	0,38	0,09
Lactose (g)	7,0	4,6
Mineralstoffe (g)	0,21	0,74

Quelle: Souci, Fachmann, Kraut. Die Zusammensetzung der Lebensmittel, Nährwerttabellen. Wissenschaftliche Verlagsgesellschaft, Stuttgart 1994, 4. Aufl.

Wenn Sie sich schon mal gefragt haben, warum ein Neugeborenes keine Kuhmilch verträgt, dann gibt ein Blick auf die Zusammensetzung von Muttermilch und Kuhmilch eine Antwort.

Große Unterschiede zwischen Kuhmilch und Muttermilch finden sich im Protein- und Mineralstoffgehalt. Der Proteingehalt von Kuhmilch ist ungefähr dreimal so hoch wie der von Muttermilch. Für die Verdauungs- und Ausscheidungsorgane eines Säuglings, die noch nicht voll ausgereift und funktionsfähig sind, stellen solch hohe Eiweißmengen eine starke Belastung dar. Das Gleiche gilt auch für den Mineraliengehalt, der in Kuhmilch erheblich höher ist als in der Muttermilch.

Während also Kuhmilch auf Kälber zugeschnitten ist, ist Muttermilch ideal auf die Bedürfnisse des Säuglings abgestimmt. Mit ihrem niedrigen Gehalt an Eiweiß und Mineralien schont die Muttermilch den kindlichen Organismus. Auch ist das Eiweiß der Muttermilch für den Säugling leichter verdaulich. Zudem ist ihr Vitamingehalt höher und sie enthält mehr ungesättigte Fettsäuren, so z. B. Linolsäure, die vor Hautveränderungen schützt und wichtiger Ausgangsstoff für hormonähnliche Substanzen und Bauteil für Zellmembranen ist. Darüber hinaus versorgt sie das Baby mit bestimmten Verdauungsenzymen, wichtigen Antikörpern, Bifidusbakterien und Mehrfachzuckern, so genannten Oligosacchariden, die eine gesunde Darmflora fördern.

Wenn überhaupt Kuhmilch verwendet werden soll, dann darf sie nur verdünnt verabreicht werden (siehe Seite 18). Wobei das Verdünnen wiederum den Energie- und Fettgehalt mindert und die Vitaminmenge reduziert.

Wenn Sie stillen möchten, ist es sinnvoll, schon in der Schwangerschaft Informationen zu diesem Thema einzuholen. Sprechen Sie mit Ihrer Frauenärztin und Ihrer Hebamme über das Stillen. Informieren Sie sich über stillfreundliche Krankenhäuser oder Entbindungskliniken in Ihrer Umgebung. Sie können auch schon frühzeitig Kontakt zu so genannten Stillgruppen (siehe Seite 79) aufnehmen.

Ernährungstipps für die stillende Mutter

- Trinken Sie viel. Der Flüssigkeitsbedarf ist in der Stillzeit stark erhöht, denn mit der produzierten Muttermilch geht der Mutter auch Wasser verloren. Empfehlenswert sind alle kalorienfreien Getränke wie Trinkwasser, Mineralwasser, Kräuter- und Früchtetees.
- Ernähren Sie sich abwechslungsreich und vielseitig mit ausreichend Gemüse, Kartoffeln, Brot und Obst. Trinken Sie zusätzlich 1/4 l Milch pro Tag.
- Generell muss auf kein Nahrungsmittel verzichtet werden, doch manchmal reagieren Babys auf bestimmte Lebensmittel wie Hülsenfrüchte oder Zwiebeln mit Verdauungsstörungen. Im Einzelfall kann es sinnvoll sein, auf diese Gemüsesorten zu verzichten.
- Trinken Sie wenig Kaffee und möglichst keinen Alkohol. Sowohl Koffein als auch Alkohol gehen in die Muttermilch über.
- Rauchen schadet nicht nur Ihrer, sondern auch der Gesundheit Ihres Kindes. Das gilt ebenfalls fürs Passivrauchen.
- Versuchen Sie, Ihr Gewicht während der Stillzeit konstant zu halten. Einerseits wissen Sie so, dass Sie Ihren erhöhten Energiebedarf decken und andererseits verhindern Sie, dass durchs Abnehmen freigesetzte Schadstoffe, die im Fettgewebe eingelagert waren, in die Muttermilch übergehen.

Tipps fürs Stillen

Oftmals steht eine junge Mutter, die gerne stillen möchte, unter großem Erfolgsdruck. Stillen (und das hört man überall) ist schließlich das Natürlichste und Einfachste der Welt. Doch was macht man, wenn wider Erwarten Probleme auftreten und diese natürlich angeborene Begabung dann doch nicht so ohne weiteres funktioniert?

Die eigene Mutter, die bestimmt in allen Fragen zur Babypflege bestens Bescheid weiß und gern mit Rat und Tat zur Seite steht, ist in diesem Fall meist ebenso hilflos, da gerade in ihrer Generation die Flasche der Brust vorgezogen wurde.

Am besten sollte man erst einmal die Nerven behalten und nicht gleich aufgeben. Scheuen Sie sich auch nicht davor, Hilfe in Anspruch zu nehmen. In den ersten Tagen nach der Geburt wird sich Ihre Nachsorge-Hebamme um Sie und Ihr Baby kümmern.

Mit ihr können Sie über alle Probleme, die nun auftauchen, sprechen.

Für die Zeit danach können Sie sich kompetente Hilfe bei Stillgruppen, Hebammen, Laktationsberaterinnen oder Ihrem Kinderarzt holen. Im Anhang (siehe Seite 79) finden Sie einige Adressen von Organisationen, die Ihnen weiterhelfen und Ansprechpartner in Ihrer Umgebung nennen können.

Zur Technik des Stillens

- Ganz wesentlich für erfolgreiches Stillen ist Ruhe!
- Setzen Sie sich ab von Hektik und Stress und entspannen Sie sich an einem ruhigen Platz.
- Verwenden Sie ein spezielles Stillkissen oder eine andere Unterlage, mit der Sie den Arm, auf dem der Kopf des Babys liegt, stützen.
- Ihr Baby sollte mit seinem ganzen Körper Ihnen zugewandt liegen.
- Heben Sie das Kind an die Brust und berühren Sie mit der Brustwarze seine Unterlippe. Sobald es den Mund öffnet, schieben Sie die Brustwarze hinein. Achten Sie darauf, dass es nicht nur an der Spitze saugt, sondern die ganze Brustwarze umschließt.
- Hat das Kind an einer Brust genug getrunken, schieben Sie Ihren kleinen Finger zwischen Mundwinkel und Brustwarze, so dass Luft einströmen kann. So lässt sich die Brustwarze ganz leicht aus dem Mund des Babys lösen.
- Lassen Sie Ihr Baby dann an der anderen Brust weitertrinken. Mit dieser fangen Sie bei der nächsten Mahlzeit auch wieder an. (Knoten Sie sich zur Erinnerung ein Bändchen an den BH-Träger; man vergisst sehr schnell, welche Seite an der Reihe ist.)
- Wichtig ist, Ihr Baby nach dem Trinken aufstoßen zu lassen. Ansonsten können schmerzhafte Blähungen auftreten.

Schließlich lohnt sich die Mühe, und sind die Probleme erst mal bewältigt, dann wird das Stillen auch so einfach, wie es immer beschrieben wird. Und Mutter und Kind können dann die Vorteile des Stillens in vollen Zügen genießen.

Vorteile des Stillens gegenüber der Flaschennahrung
- Stillen fördert die Rückbildung der Gebärmutter durch Hormonausschüttungen.
- Stillen macht unabhängig, die Muttermilch ist stets verfügbar, z.B. unterwegs oder auf Reisen.
- Stillen spart Zeit und Geld.
- Stillen ist umweltfreundlich.

Zum Schluss noch ein Tipp für stillende Mütter, die mal einen Abend ohne ihr Kind verbringen möchten oder recht früh schon wieder berufstätig sind: Sie haben die Möglichkeit, Muttermilch abzupumpen und diese zu einem späteren Zeitpunkt zu füttern bzw. jemand anderem diese Aufgabe zu überlassen.

Abgepumpte Muttermilch hält sich im Kühlschrank bei 4 °C bis zu 3 Tagen. Tiefgekühlte Muttermilch lässt sich bei -20 °C und kälter sogar bis zu 3 Monaten aufbewahren. Überprüfen Sie zur Sicherheit täglich die Kühltemperatur mit einem Thermometer.

Die benötigte Milchpumpe können Sie kaufen oder aber z. B. in Apotheken gegen eine Gebühr ausleihen. Füllen Sie die Milch direkt in ein sauberes ausgekochtes Gefäß (am besten direkt in ein Trinkfläschchen), das Sie verschließen können. Notieren Sie das Datum und frieren Sie es ein. Zum schnellen Auftauen halten Sie das Gefäß mit der Milch unter fließend warmes Wasser oder stellen es in ein Wasserbad bei max. 37 °C. Bedeutend langsamer geht es im Kühlschrank, rechnen Sie hierbei mit ca. 24 Stunden Auftauzeit. Reste bereits erwärmter Muttermilch dürfen später nicht mehr gefüttert werden.

Vitamin D und Fluorid

Ob Sie stillen oder Ihr Baby mit der Flasche aufziehen, in beiden Fällen ist eine zusätzliche Gabe von Vitamin D ratsam. Zur Vorbeugung von Rachitis, einer Knochendeformation aufgrund von Störungen in der Mineralisierung des wachsenden Knochenskeletts, ist im ersten und zweiten Lebensjahr die Zugabe von Vitamin D in Tablettenform erforderlich. Pro Tag wird eine Tablette (400 -500 I.E.) in wenigen Tropfen Wasser aufgelöst und dem Säugling vor der (Milch-) Mahlzeit auf einem Plastiklöffel verabreicht. Da Sonnenlicht die körpereigene Vitamin-D-Bildung in der Haut anregt, ist ein häufiger Aufenthalt an der frischen Luft sehr empfehlenswert.
Zusätzlich wird die Einnahme von Fluorid (0,25 mg pro Tag) empfohlen. Fluorid härtet den Zahnschmelz und schützt die Zähne vor Karies. Vitamin D und Fluorid können auch direkt als Kombipräparat verabreicht werden, fragen Sie Ihren Kinderarzt nach den so genannten D-Fluoretten bzw. Fluor-Vigantoletten.

Sättigung und Trinkmengen

Ist das Kind häufig unruhig und schreit sehr viel, kann es eventuell daran liegen, dass es Hunger hat und durch die angebotene Milch nicht satt wird. Wenn Sie sicher gehen wollen, dass Ihr Kind genug zu essen bekommt, wiegen Sie es einmal pro Woche und kontrollieren Sie die Gewichtszunahme anhand von Vergleichstabellen. Erschrecken Sie nicht, wenn das Kind die ersten Tage nach der Geburt an Gewicht verliert, das ist völlig normal. In dieser Zeit zehrt es noch von den Reserven, die es im Mutterleib angelegt hat. Nach zehn Tagen bis spätestens zwei Wochen sollte es allerdings sein Geburtsgewicht wieder erreicht haben. Im Schnitt erreicht ein Säugling mit vier bis fünf Monaten sein doppeltes Geburtsgewicht und nach einem Jahr ist er dreimal so schwer wie bei der Geburt.

Durchschnittliche Gewichtszunahme im ersten Lebensjahr

Alter	Gewichtszunahme in g (pro Woche)
1. Monat	175-200
2. Monat	175-200
3. Monat	175-200
4. Monat	175-200
5. Monat	125-150
6. Monat	125-150
7.-9. Monat	100
10.-12. Monat	75-100

Quelle: Wachtel. Ernährung und Diätetik in Pädiatrie und Jugendmedizin. Georg Thieme Verlag, Stuttgart 1994.

Wenn Sie feststellen, dass Ihr Kind nicht genug an Gewicht zulegt, müssen Sie möglicherweise zur Muttermilch zufüttern oder z. B. von der Fertigmilch „Pre" auf die „1"-er Nahrung (siehe Seite 15) umsteigen. Fragen Sie auf jeden Fall hierzu Ihren Kinderarzt um Rat.

Zusätzliches Trinken in der „Milchphase"

Da Muttermilch und Fertigmilch für Säuglinge genügend Flüssigkeit enthalten, ist während der ersten Monate zusätzliches Trinken im Prinzip nicht erforderlich. Wird das Kind gestillt, kann eine regelmäßige zusätzliche Flüssigkeitsaufnahme sogar das empfindliche Gleichgewicht von Milchangebot und -nachfrage stören. Die getrunkene Flüssigkeit füllt den kleinen Magen, das Baby ist scheinbar satt und trinkt an der Brust nicht so viel wie nötig, was infolge den Milchfluss verringert.

Anders ist es im Falle einer Erkrankung mit Fieber oder Durchfall, die den Wasserhaushalt des Babys empfindlich stören kann. Bieten Sie Ihrem Baby abgekochtes Wasser oder einen frisch aufgebrühten, ungezuckerten Fencheltee an, der bei Magen- und Darmerkrankungen sehr hilfreich ist. Servieren Sie ihn am besten auf einem kleinen Plastiklöffelchen oder aus dem Fläschchen.

Die Alternativernährung mit Fertigmilch

Was ist was im Supermarktregal?

Zunächst füttern Sie die so genannte „Säuglingsanfangsnahrung". Sie ist im Nähr- und Mineralstoffgehalt und in Bezug auf Vitamine und Spurenelemente weitestgehend an die Muttermilch angepasst und als alleinige Nahrung in den ersten vier bis sechs Monaten ausreichend. Sie erkennen diese Produkte an der Silbe „Pre" bzw. der Ziffer „1" im Namen, wie z.B. Aletemil Pre, Hipp Pre, Humama Pre oder Milumil Pre bzw. Beba 1, Aponti 1, Aptamil 1 usw. „Pre"-Produkte sind ähnlich dünnflüssig wie Muttermilch und werden genauso wie

Für den Fall, dass Sie Ihr Baby nicht stillen können oder wollen, muss eine Ersatznahrung gefüttert werden, die die Bedürfnisse des Säuglings optimal abdeckt. Praktischerweise gibt es industriell hergestellte Fertignahrung zu kaufen, die ideal auf diesen Zweck abgestimmt ist. Sie wird hauptsächlich auf der Basis von Kuhmilcheiweiß hergestellt.

diese nach Bedarf gefüttert. „1"-Nahrungen enthalten gegenüber den „Pre"-Produkten zusätzlich etwas Stärke. Das macht die daraus bereitete Milch sämiger und sättigender. Sie kommt z.B. zum Einsatz, wenn das Baby von der „Pre"-Nahrung nicht richtig satt wird. Die Säuglingsanfangsmilch ist auch nach dem vierten bis sechsten Monat als Teilnahrung neben der Beikost bis zum Ende des ersten Lebensjahres geeignet.

Frühestens ab dem fünften Lebensmonat kann aber dann auch die so genannte „Folgemilch" verwendet werden. Gekennzeichnet sind diese Produkte mit der Ziffer „2". Diese Milch unterscheidet sich in ihrer Zusammensetzung schon wesentlich von Muttermilch. Sie enthält mehr Eiweiß und Mineralstoffe und ist auch kalorienreicher. Manche dieser Folgemilchsorten enthalten noch zusätzliche Kohlenhydrate wie Saccharose (gewöhnlicher Haushaltszucker) oder Maltodextrin (ebenfalls ein Zucker). Das sind unnötige Bestandteile, die die Gewöhnung an den süßen Geschmack fördern. Achten Sie auf die Zutatenliste und verwenden Sie besser Produkte ohne zusätzlichen Zucker.

Spezialmilch

- **HA-Milch:** Eine hypoallergene Milch, die als Spezialnahrung bei Allergiegefährdung (siehe Seite 19) gefüttert werden sollte. Das verwendete Eiweiß wird durch die so genannte Hydrolyse in kleinere Bruchstücke gespalten, die weniger allergieauslösend (hypoallergen) wirken. Diese Fertigmilch wird für nicht gestillte, allergiegefährdete Säuglinge als Anfangsnahrung empfohlen.

- **AR (Anti-Reflux):** Hierbei handelt es sich um angedickte Säuglingsnahrung, die laut Herstellerangaben bei „Aufstoßen" und „vermehrtem Spucken" eingesetzt werden soll. Ein Aufstoßen von Luft und leichtes Spucken ist bei Säuglingen aber völlig normal und besitzt in den wenigsten Fällen eine krankhafte Ursache. Lassen Sie zur Sicherheit vom Arzt abklären, was dahinter steckt, bevor Sie zu dieser Nahrung greifen. In den harmlosen Fällen reicht es oftmals schon, häufig kleinere Mahlzeiten zu füttern und das Baby gründlich aufstoßen zu lassen.

- **Fertigmilch auf Sojamilchbasis:** Soja-Anfangsnahrung ist eine Fertigmilch auf Basis von Sojaprotein. Sie wird z. B. bei nicht gestillten Säuglingen, deren Eltern streng vegetarisch leben, verwendet oder bei Babys mit Milchzuckerunverträglichkeit, da die zubereitete Milch lactosefrei ist. Obwohl diese Sojanahrung keine Bestandteile von Kuhmilch enthält, ist sie bei einer Kuhmilchallergie nur eingeschränkt empfehlenswert, da ein Viertel der Kinder mit einer Kuhmilchallergie (siehe Seite 20) auch eine Allergie gegen Soja entwickelt.

Zubereitung von Fertigmilch

Zur Grundausstattung bei Flaschenfütterung gehören neben dem Fläschchenwärmer mehrere Fläschchen, Sauger und eine Reinigungsbürste. Die Fertigmilch wird nach Herstellerangaben mit Wasser angerührt. Das kann Wasser aus der Leitung sein, das in der Regel für die Säuglingsernährung geeignet ist. Falls Sie Zweifel an der Wasserqualität haben, erfragen Sie die aktuellen Werte bei Ihrem Wasserwerk oder dem Gesundheitsamt. Ein problematischer Inhaltsstoff im Trinkwasser ist Nitrat; es gilt hier ein gesetzlicher Grenzwert von 50 mg/l, der nicht überschritten werden darf. Nitrat wird im Körper zu Nitrit umgewandelt, das den Sauerstofftransport im Blut behindert. Vor allem junge Säuglinge reagieren besonders empfindlich auf Nitrat; bei ihnen kann es zu lebensgefährlichem Sauerstoffmangel kommen. Außerdem müssen Sie sicherstellen, dass in Ihrem Haus keine bleihaltigen Rohre für die Trinkwasserleitung verwendet wurden. Blei kann langfristig auch in sehr geringen Mengen zu Vergiftungen führen. Kupferleitungen sind nur problematisch, wenn sie neu eingesetzt wurden oder der pH-Wert des Trinkwassers unter 7 liegt. Zur zusätzlichen Sicherheit lassen Sie Wasser, das über Nacht in der Leitung gestanden hat, morgens zunächst ablaufen und verwenden es z. B. zum Blumen gießen.

Alternativ zum Leitungswasser können Sie ein für die Säuglingsernährung geeignetes Mineralwasser verwenden, das auf dem Etikett den Hinweis „Für die Zubereitung von Säuglingsnahrung geeignet" trägt. Angebrochene Flaschen oder Packungen des Mineralwassers gehören in den Kühlschrank.

Egal, für welches Wasser Sie sich entscheiden, zunächst muss es auf jeden Fall abgekocht werden. Die Fertigmilch wird für jede Mahlzeit frisch zubereitet und darf auch nicht unnötig lange warm gehalten werden. Wenn Sie z. B. mit Ihrem Baby unterwegs sind, empfiehlt es sich, das Trockenpulver im Fläschchen und warmes Wasser in der Thermoskanne zu transportieren und die Milch erst anzurühren, wenn sie auch getrunken wird. Bereits fertig angerührte Milch ist ein idealer Nährboden für Krankheitskeime und sollte deshalb nicht für längere Zeit warm gehalten werden!

Die richtige Lochstärke für Sauger

Es ist wichtig, dass Sie bei den Trinksaugern auf die richtige Lochstärke achten. Die kleinste Lochstärke ist für Getränke wie Tee, Wasser und Saftschorlen richtig. Für eine Säuglingsmilch wählen Sie eine mittlere Lochstärke. Wenn Sie das Fläschchen senkrecht nach unten halten, sollten pro Sekunde ein bis zwei Tropfen herausfallen. Eine große Lochstärke ist für Breie gedacht, die mit der Flasche gefüttert werden.

Bei der Zubereitung der Fertigmilch halten Sie sich bitte sorgfältig an die Vorgaben auf der Packung. Nur dann ist gewährleistet, dass Ihr Kind genügend Nährstoffe zu sich nimmt und auch nicht überfüttert wird. Füllen Sie das Pulver in die Flasche, gießen Sie das abgekochte, handwarme (ca. 37°C) Wasser hinzu, verschließen Sie das Fläschchen und schütteln es gut auf.
Nach der Mahlzeit werden Flasche, Sauger und Schraubverschluss zunächst mit kaltem Wasser ausgespült, um Milchreste zu entfernen. Anschließend wird mit warmem Wasser und ein wenig Spülmittel mit der Bürste gereinigt. Danach noch einmal alles gut ausspülen. Die sauberen Utensilien werden dann im Kochtopf mindestens drei Minuten ausgekocht oder in einem speziellen Gerät, dem Dampfsterilisator, sterilisiert. Lassen Sie die sterilisierten Teile auf einem sauberen Geschirrtuch trocknen und decken Sie sie bis zur nächsten Mahlzeit mit einem weiteren Tuch ab. Ab einem Alter von fünf bis sechs Monaten reicht es aus, die benutzten Fläschchen in der Spülmaschine zu reinigen.

Selbst gemachte Säuglingsmilch

Im Prinzip kann eine Flaschenmilch zu Hause auch selbst angerührt werden, doch erfordert die eigene Zubereitung ein hohes Maß an Sorgfalt, äußerste Sauberkeit und viel Disziplin.

Der Aufwand ist groß und nimmt viel Zeit in Anspruch, zusätzlich zu der Aufmerksamkeit, die das Neugeborene sowieso schon fordert. Damit kann eine junge Mutter schon einmal überfordert sein. Aus diesen Gründen raten Experten zum Wohle des Kindes von der selbst angerührten Säuglingsmilch ab. Hinzu kommt, dass die industriell hergestellte Fertigmilch heutzutage qualitativ sehr gut und wirklich empfehlenswert ist. Möchten Sie die Flaschenmilch z. B. aus Kostengründen trotzdem selbst zubereiten, sprechen Sie vorher mit Ihrem Kinderarzt darüber. Hierbei spielen neben genauen, dem Alter entsprechenden Rezepten auch gesundheitliche Überlegungen, wie eine allergische Veranlagung (z. B. eine mögliche Kuhmilchallergie) eine Rolle.

Die Zutaten müssen peinlich genau abgewogen werden, hierfür benötigen Sie auf alle Fälle eine Digitalwaage. Verwenden Sie wegen des Zöliakierisikos (siehe Seite 21) vorsichtshalber eine glutenfreie Stärke, also Kartoffel- oder Reisstärke.

Selbst hergestellte Säuglingsmilch
Für 1 Portion, entspricht ca. 200 ml

100 g Vollmilch (3,5 %; pasteurisiert oder ultrahocherhitzt)
100 g Wasser
5 g Stärke (Kartoffel- oder Reisstärke)
8 g Zucker, z.B. Lactose (Milchzucker) oder Saccharose (Haushaltszucker)
3 g Öl, z.B. Sonnenblumen-, Maiskeim- oder Rapsöl

Milch und Wasser in einen Topf geben und mit einem Schneebesen die Stärke und den Zucker unterrühren. Alles unter Rühren aufkochen lassen. Zum Schluss das Öl mit einem Schneebesen oder besser noch mit einem Mixer gut untermischen.

Da diese Milch wenig Vitamine enthält, muss sie bereits ab der 6. Woche mit Vitamin A und Vitamin C ergänzt werden. Dazu werden pro Portion zusätzlich noch 5 g Möhrenpüree und 20 g Vitamin-C-reicher Obstsaft eingerührt.
Ab dem 5. Monat wird die Stärke durch Vollkornflocken, z.B. Instant-Haferflocken oder Vollkorngrieß, ersetzt.

Das allergiegefährdete Kind

Allergien im Säuglingsalter

Da die Darmschleimhaut bei Säuglingen noch sehr durchlässig ist, können artfremde Eiweiße in den Körper gelangen, auf die der Organismus zunächst mit der Bildung von Antikörpern und/oder Abwehrzellen reagiert. Es ist eine Voraussetzung geschaffen, die der Fachmann Sensibilisierung nennt. Tritt nun ein erneuter Kontakt mit diesem „allergenen" Eiweiß auf, kommt es dann bei einer „besonderen individuellen Empfindlichkeit" zu einer Überreaktion des Immunsystems und die schon genannten Symptome treten auf. Inzwischen ist bekannt, dass eine rechtzeitige Vorbeugung durch eine geeignete Ernährung

Gesundheitsgefährdende Allergien spielen heutzutage eine große Rolle. Immer mehr Menschen leiden an den unterschiedlichsten Erscheinungsformen allergischer Erkrankungen wie z. B. Schnupfen, Hauterkrankungen, Übelkeit, Durchfall oder Asthma. Oftmals wird der Grundstein für die Allergie bereits im Säuglingsalter gelegt.

im Säuglings- bzw. Kindesalter sinnvoll ist. So kann zwar eine Allergie nicht unbedingt verhindert werden, aber der Zeitpunkt des erstmaligen Auftretens wird hinausgezögert, und das wiederum kann den Grad der Erkrankung wesentlich mildern.

Wann ist Vorsicht geboten?

Erhöhte Vorsicht bei Säuglingen ist geboten, wenn bei den Eltern oder Geschwistern bereits Allergien aufgetreten sind. Je mehr Familienmitglieder betroffen sind, umso höher ist das Risiko für das Kind, ebenfalls zu erkranken. Um das Allergierisiko im Vorfeld abzuschätzen, sollte man am besten schon während der Schwangerschaft oder direkt nach der Entbindung eine Familienanamnese machen lassen. In diesem Gespräch zur Krankengeschichte der Familienmitglieder kann das Allergierisiko für das betreffende Kind eingeschätzt und geeignete Vorsichtsmaßnahmen getroffen werden. Besteht eine allergische Veranlagung, sollte auf eine besonders allergenarme Ernährung geachtet werden.

Einen guten vorbeugenden Schutz bietet zunächst einmal das Stillen. Ein allergiegefährdetes Baby sollte die ersten sechs Monate voll gestillt werden. Muttermilch ist allergenarm und schützt durch die enthaltenen Immunabwehrstoffe zusätzlich vor Allergien und Infektionen. Falls nicht gestillt werden kann, sollte keinesfalls die gängige Säuglingsanfangsnahrung, sondern direkt eine hypoallergene Spezialnahrung (HA-

Allergien **19**

Milch) gefüttert werden. Die HA-Nahrung unterscheidet sich im Nährstoffgehalt nicht von den üblichen Säuglingsanfangsnahrungen, doch sind die in ihr enthaltenen Eiweiße stärker aufgespalten und nachgewiesenermaßen weniger allergen (siehe Seite 15). Im Anschluss an das ausschließliche Stillen oder der Verwendung von HA-Nahrung wird dann auch bei allergiegefährdeten Kindern mit der Beikost begonnen. Achten Sie hier besonders darauf, dass neue Lebensmittel allmählich eingeführt werden, und zwar am besten nur ein neues Lebensmittel pro Woche. Der Vollmilch-Getreidebrei (siehe Seite 50) wird bei Allergiegefährdung nicht mit Vollmilch, sondern mit Muttermilch oder HA-Milch zubereitet. Eine monotone Kost ist zwar von Vorteil, jedoch sollte auch die Gefahr einer Fehlernährung bedacht werden. Besprechen Sie sich hierzu mit Ihrem Kinderarzt.

Bekannte Allergieauslöser, die bei Allergierisiko im ersten Lebensjahr gemieden werden sollten
- Frischmilch
- Hühnereiweiß
- Fisch
- Nüsse
- Gewürze
- Schokolade
- Erdbeeren
- Honig

Nicht unerheblich für eine Allergieentwicklung sind darüber hinaus auch Umweltfaktoren wie Tierhaare, Hausstaub, Zigarettenrauch und Pollen.

Kuhmilcheiweißallergie

Die Kuhmilcheiweißallergie ist die häufigste Allergie im Säuglingsalter. In der Kuhmilch enthaltene Eiweiße erzeugen beim sensibilisierten Kind verschiedene Symptome. Häufig bilden sich Ekzeme auf der Haut, und es kommt zu Erbrechen, Übelkeit und Durchfällen. Sind solche Symptome aufgetreten, kann die Ursache eine Kuhmilchallergie sein, die allerdings vom Kinderarzt bzw. von einem Allergologen einwandfrei festgestellt werden muss.

Die einzige Maßnahme bei einer diagnostizierten Kuhmilchallergie ist eine kuhmilchfreie Diät, die unter ärztlicher Aufsicht und gleichzeitiger Ernährungsberatung durchgeführt werden muss, da das Risiko einer Fehlernährung bei einer solchen Diät sehr hoch ist. Da Milch viel Calcium enthält und gerade im Wachstumsalter hohe Mengen an Calcium zum Einbau in die Knochen erforderlich sind, müssen Sie ersatzweise andere Lebensmittel wie calciumreiche Mineralwässer, mit Calcium angereicherte Fruchtsäfte und besonders calciumreiche Gemüsesorten wie Fenchel, Kohlrabi, Grünkohl oder Brokkoli in den Speiseplan aufnehmen.

Bei einer völlig kuhmilchfreien Ernährung sind nicht nur Milch und Milchprodukte zu meiden; es muss jedes Lebensmittel unter die Lupe genommen werden. Oftmals versteckt sich Milch auch in Produkten, in denen man sie nicht unmittelbar erwarten würde, z. B. in Back-, Süß-, Fleisch- und Wurstwaren (Zutatenliste beachten!).

Bei festgestellter Kuhmilchallergie sind bei nicht gestillten Säuglingen die alternativen Spezialnahrungen nur über die Apotheke zu beziehen. Es handelt sich hier um hochgradig hydrolysierte Nahrung, in der die Eiweißstücke noch stärker aufgespalten sind als in den HA-Nahrungen. Geschmacklich sind diese Produkte sehr gewöhnungsbedürftig, da sie extrem bitter schmecken.

Mit Einführung der Beikost sind bei einer vorliegenden Kuhmilcheiweißallergie folgende Dinge zu beachten:
- Der Gemüse-Kartoffel-Fleischbrei darf als Fettzusatz keine Butter enthalten. Verwenden Sie stattdessen Pflanzenöl, z. B. Sonnenblumen-, Maiskeim- oder Rapsöl.
- Der Vollmilch-Getreidebrei darf nicht mit Milch zubereitet werden.
  Sie wird durch die spezielle Hydrolysatnahrung entsprechend den Hinweisen zur Flaschennahrung ersetzt.

Zöliakie

Zöliakie, auch bekannt unter dem Namen Glutenallergie, ist eine Überempfindlichkeit gegen Gluten, ein Klebereiweiß, das in Weizen (demzufolge auch in Dinkel und Grünkern), Gerste, Roggen und Hafer enthalten ist. Der Verzehr der genannten Getreidesorten schädigt die Dünndarmwände, wobei die Dünndarmzotten, das sind kleine Ausstülpungen der Darmschleimhaut, sich entzünden bzw. verkürzen, was zu einer verminderten Aufnahmefähigkeit von Nährstoffen führt.

Bei Säuglingen tritt die Erkrankung häufig auf, sobald eine glutenhaltige Beikost gefüttert wird. Die schlechte Nährstoffaufnahme führt zu Gewichtsverlusten und Wachstumsstörungen. Chronischer Durchfall und ein aufgeblähter Bauch sind ebenso Anzeichen für eine vorliegende Zöliakie wie ein sehr fetthaltiger Stuhl als Folge schlecht verwerteter Fette aus der Nahrung.

Bei einer Vermeidung glutenhaltiger Lebensmittel gehen die Symptome schnell zurück. Allerdings sollte diese Diät lebenslang eingehalten werden, da bereits geringe Mengen Gluten zu Rückfällen führen können und langfristig ein erhöhtes Risiko für Darmtumoren besteht. Zu beachten sind Gehalte problematischer Getreidesorten in Brötchen, Brot, Fertigprodukten wie Suppen, Saucen, Kuchen usw. Da Hirse, Mais und Reis kein Gluten enthalten, sind sie unbedenklich und eine gute Alternative zu Weizen & Co.

B(r)eikost – Schritt für Schritt

Die Beikost

Ist Ihr Baby die ersten vier bis sechs Monate ausschließlich mit Milch ausgekommen, beginnt nun die Zeit der schrittweisen Einführung weiterer Nahrungsmittel. Allmählich erschöpfen sich die Reserven, die das Baby im Mutterleib angelegt hat und der Energie- und Nährstoffbedarf wächst, so dass es nun zusätzliche Nahrung braucht. Auch der Verdauungsapparat ist jetzt soweit entwickelt, dass Sie es wagen können, den ersten Löffel Brei zu füttern. Neben den körperlichen Voraussetzungen sollte das Baby auch Interesse an anderer Nahrung zeigen und Lust am Löffeln haben. Ein vermehrter Speichelfluss und verstärktes Saugen an den Fingern sind Anzeichen für eine grundsätzliche Bereitschaft zum Löffeln.

Um Ihr Baby langsam an die neue Kost zu gewöhnen, werden die einzelnen Milchmahlzeiten stufenweise durch Breie ersetzt. Zu Anfang wird während der Mittagsmahlzeit ein wenig Brei, vorzugsweise Möhrenbrei, gefüttert. Nach einer Woche wird der Möhrenbrei mit Kartoffeln ergänzt und nach einer weiteren Woche gibt es dann den ersten Gemüse-Kartoffel-Fleischbrei. Morgens, nachmittags und abends, evtl. nachts wird wie gewohnt weiter gestillt bzw. das Fläschchen gegeben. Nach einem Monat mit dem Mittagsbrei wird dann die Abendmahlzeit durch einen sattmachenden Vollmilch-Getreidebrei und nach einem weiteren Monat schließlich die Nachmittagsmahlzeit durch einen Getreide-Obstbrei ersetzt.

Alter (Mon.)	Morgens	Zwischenm.	Mittags	Zwischenm.	Abends
ab 4,5	Mm/Fm	Mm/Fm	Mm/Fm plus Gemüsebrei, später Gemüse-Kartoffelbrei	Mm/Fm	Mm/Fm
ab 5	Mm/Fm	Mm/Fm	Gemüse-Kartoffel-Fleischbrei, bzw. vegetar. Brei	Mm/Fm	Mm/Fm
ab 6	Mm/Fm	Mm/Fm	Gemüse-Kartoffel-Fleischbrei, bzw. vegetar. Brei	Mm/Fm	Milch-Getreide-Brei
ab 7 bis 9	Mm/Fm	Mm/Fm	Gemüse-Kartoffel-Fleischbrei, bzw. vegetar. Brei	Getreide-Obst-Brei	Milch-Getreide Brei
ab 10 bis 12	Mm/Fm, bzw. Brot und Obst, dazu Milch		Gemüse, Kartoffeln Nudeln, Reis, Obst; Fleisch, bzw. Getreide	Getreide-Obst-Brei	Milch-Getreide Brei

Mm=Muttermilch; Fm=Fertigmilch; Graphik: Ernährungsplan FKE Dortmund

Einen vollständigen Überblick dazu bietet die Tabelle auf Seite 24. Die Milchmahlzeit am Morgen bleibt weiter erhalten. Wenn Sie zwischendurch abstillen möchten, geben Sie Ihrem Kind eine Fertigmilch, am besten eine „Pre" oder „1"-er Milch.

Babykost aus dem Glas oder selbst kochen?

Die Vorteile von Gläschenkost liegen auf der Hand. Der Griff ins Regal ist bequem, das Essen muss nur noch erwärmt werden, und obendrein kann man sicher sein, dass die Babykost aus guten Zutaten besteht und streng kontrolliert wird. Sie unterliegt der Diätverordnung und ist damit praktisch schadstoff- und keimfrei.

Und trotzdem: Untersuchungen zur Qualität der Gläschenkost zeigen, dass es um einige Nährstoffe schlecht bestellt ist. Oftmals enthält die Gläschenkost zu wenig Eisen, da die Fleischportionen zu knapp bemessen sind. Auch gehen bei der Konservierung wichtige Vitamine wie das hitzeempfindliche Vitamin C verloren. Und gerade das ist fatal, denn Vitamin C fördert die Eisenaufnahme aus Fleisch und pflanzlicher Nahrung.

Häufig fehlt es den Babymenüs auch an Fett und damit an Kalorien, so dass Experten entgegen der sonstigen Empfehlungen zur fettarmen Ernährung im Kindes- und Erwachsenenalter in der Säuglingsernährung folgenden Ratschlag geben: Bei einem Fettgehalt von weniger als 4 g sollten Sie dem Mittagsbrei Fett in Form von Pflanzenöl, z. B. Rapsöl, zugeben. Rühren Sie einfach einen Teelöffel Öl (das entspricht ca. 4 g) unter den Brei.

Außerdem sollten Sie bei Gläschenkost beachten, dass Sie Menüs oder Breie auswählen, die mit möglichst wenigen Zutaten auskommen. Bei vegetarischen Zubereitungen empfiehlt sich eine Zugabe von Vitamin C in Form von Obstsaft oder -püree, sofern keine zusätzliche Vitamin-C-Zugabe auf dem Etikett vermerkt ist.

Letztendlich ist Gläschenkost zwar praktisch und schnell, aber sicherlich nicht preiswert. Wenn Sie also auf eine schmackhafte, gesunde und auch preiswerte Kost für Ihr Kind Wert legen, sollten Sie die Breie vorwiegend selbst zubereiten. Falls die Zeit mal knapp ist, oder Sie mit dem Kind unterwegs sind, können Sie immer noch auf die Fertigkost zurückgreifen.

Selbst gemacht - So geht's einfach, schnell und praktisch

Wenn Sie die Babybreie selbst zubereiten wollen, sind einige Küchengeräte äußerst hilfreich. Doch welche Geräte sind wirklich sinnvoll und eine Anschaffung wert?

Der Pürierstab: Die Allzweckwaffe in der Babyküche: der Pürier- oder auch Zauberstab. Zu Anfang wird jegliche Babykost zu Brei püriert, bis das Baby mit etwa 8 bis 10 Monaten in der Lage ist, mit den ersten eigenen Zähnen das Kauen zu üben.

Die Küchenwaage: Neben dem Pürierstab wohl das zweitwichtigste Utensil in der Babyküche. Um die teilweise winzigen Mengen der einzelnen Zutaten wie z. B. 5 g Butter, 8 g Öl oder 10 g Getreideflocken abzumessen, benötigen Sie eine genaue Küchenwaage. Empfehlenswert sind Digitalwaagen mit einer hohen Messgenauigkeit.

Der Dämpfeinsatz für den Kochtopf: In einem Topf mit Siebeinsatz lassen sich Gemüse und Kartoffeln besonders nährstoffschonend zubereiten. Der Topf wird mit wenig Wasser gefüllt und die Lebensmittel schonend im Wasserdampf gegart.

Der Schnellkochtopf: Der Schnellkochtopf eignet sich generell für die Zubereitung von Fleisch, Kartoffeln, Gemüse usw. Besonders lohnend aber ist der Einsatz bei größeren Mengen Lebensmitteln mit langen Kochzeiten. Der im Topf erzeugte Dampfdruck erhöht die Gartemperatur und verringert dadurch die Garzeit der Lebensmittel erheblich. Zusätzlich senkt das auch noch den Energieverbrauch.

Die Mikrowelle: Entgegen allen anderslautenden Behauptungen bestehen gegen den Einsatz von Mikrowellen in der Babyernährung keine Bedenken. Wer schon mal kleine Portionen Babynahrung, Fläschchen oder Gläschen umständlich im Wasserbad erwärmt hat, wird die Mikrowelle schnell schätzen lernen. Sie ist leicht zu bedienen, das Aufwärmen und besonders das Auftauen von gefrorenen Lebensmitteln geht blitzschnell. Es sind allerdings einige Vorsichtsmaßnahmen zu beachten: Gläschen und Fläschchen müssen vor dem Aufwärmen geöffnet werden, sonst entsteht ein Überdruck und somit Explosionsgefahr. Die Sauger der Fläschchen gehören grundsätzlich nicht in die Mikrowelle, da das Material mit der Zeit porös wird. In der Mikrowelle erhitzte Lebensmittel, Breie oder Getränke müssen vor dem Verzehr zunächst gut geschüttelt bzw. gut durchgerührt werden, um Temperaturunterschiede auszugleichen. Vor dem Servieren sollten Sie die Temperatur nochmals überprüfen, um Verbrennungen zu vermeiden.

Das Gefrierfach bzw. die Gefriertruhe: Falls Sie nur einen Kühlschrank haben, können Sie höchstens eine Portion für den nächsten Tag mitkochen. Länger als 24 Stunden sollte das vorgekochte Essen nicht im Kühlschrank gelagert werden. Wenn Sie für einen Monat im Voraus kochen wollen (siehe Seite 72 ff.), reicht ein einfaches Gefrierfach, wenn die Portionen platzsparend verpackt werden.

Das Folienschweißgerät: Diese Geräte sind außerordentlich praktisch, wenn größere Mengen an Babybrei gekocht und eingefroren werden. Die Tüten lassen sich relativ flach auslegen und platzsparend stapeln. Wenn das Gerät darüber hinaus mit einer Gefrier- und Kochfolie ausgestattet wird, können die Gerichte in dem Beutel eingefroren und im Wasserbad auch wieder erwärmt werden.

Tiefkühlboxen: Sie benötigen genügend kleine Tiefkühlboxen, wenn Sie für einen Monat im Voraus kochen wollen. Günstiger sind allerdings einfache Gefrierbeutel. Gläser mit Schraubverschluss sind zwar praktisch, können aber auch sehr leicht splittern oder brechen.

Beikost **27**

Die Getreidemühle: Der Vorteil einer Getreidemühle besteht darin, dass Sie die ganzen Körner einkaufen und zu Hause bei Bedarf portionsweise zu Mehl mahlen können. Ganze Körner sind haltbarer als Mehl und bewahren länger ihre wertvollen Inhaltsstoffe. Getreidemühlen lohnen sich meist nur, wenn die ganze Familie sich vollwertig ernähren möchte. Selbst Handmühlen sind nicht billig und sollten sich auch rentieren. Wenn Sie sich keine Getreidemühle anschaffen wollen, können Sie Ihr Mehl auch im Bioladen mahlen lassen. Im Prinzip gilt das Gleiche auch für den Getreideflocker, der aus ganzen Körnern Flocken quetscht. Er ist speziell für Müslifans die Anschaffung wert.

Die Beikostnahrung

Beikost bezeichnet alle Lebensmittel, die Ihr Säugling neben der Milchnahrung im ersten Lebensjahr zu sich nimmt. Beikost besteht vorwiegend aus den folgenden Zutaten: Gemüse, Kartoffeln, Fleisch, Öl, Obst bzw. Obstsaft und Getreide.

Gemüse und Kartoffeln: Sie sollten vorzugsweise aus biologischem Anbau stammen. Als Gemüse eignen sich besonders Möhren, Kohlrabi, Fenchel, Blumenkohl, Spinat, Brokkoli, Zucchini und Pastinaken. Zunächst sollte ein Brei mit nur einer Gemüseart gefüttert werden, anschließend können Sie dann schrittweise neue Sorten einführen und diese kombinieren.

Fleisch: Als Fleisch kommen Hühner- und Putenfleisch, magere Stücke vom Rind und Schwein, aber auch Kalb- und Lammfleisch in Frage. Verwenden Sie nur Fleisch aus zertifizierter Haltung.

Öl: Wählen Sie Pflanzenöle bzw. Keimöle, die besonders reich an ungesättigten Fettsäuren sind, z.B. Sonnenblumenöl, Maiskeimöl und Rapsöl. Die Öle sollten nicht kaltgepresst, sondern raffiniert sein. Durch die Raffination werden unerwünschte Begleitstoffe wie Rückstände von chemischen Pflanzenschutzmitteln, Schwermetalle u.a. entfernt. Außerdem sind sie geschmacksneutral und länger haltbar als kaltgepresste Öle. Zur Abwechslung können bei gesunden Säuglingen im fortgeschrittenen Alter auch Butter oder Sahne als Fettzusatz verwendet werden. Bei Bestehen einer Kuhmilchallergie oder eines Allergierisikos bleiben Sie besser bei Öl.

Obstsaft oder Obstpüree: Eine Vitamin-C-Zugabe (mit mind. 40mg Vitamin C pro 100g) aus Obstsaft bzw. -püree fördert die Eisenaufnahme aus Fleisch und Getreide. In seltenen Fällen kommt es durch Orangensaft zu Hautreizungen, in dem Fall versuchen Sie einen mit Vitamin C angereicherten Apfelsaft.

Getreide: Wenn Ihr Baby ein halbes Jahr alt wird, ist es auch in der Lage, einmal aufgekochtes, volles Korn zu verdauen. Allerdings nur fein gemahlen, als Grieß oder Flocken. Beginnen Sie mit leicht verdaulichen Schmelzflocken bzw. bei Allergiegefährdung mit Reisflocken. Andere Getreideflocken müssen je nach ihrer Konsistenz und dem Alter des Babys noch feiner püriert werden.

Zucker, Salz und Gewürze kommen als Zutat für die Babybreie nicht in Frage. Babys haben ein sehr ausgeprägtes Geschmacksempfinden, deshalb ist das Würzen der selbst gekochten Breie überflüssig. Auf Honig sollte im ersten Lebensjahr nicht nur wegen des Allergierisikos, sondern auch wegen möglicher bakterieller Risiken verzichtet werden. Es ist nicht auszuschließen, dass Honig auch nach sorgfältiger Herstellung Botulismus-Bakterien enthält, die sich im Darm ansiedeln, dort auskeimen und Gifte produzieren. Im Alter von einem Jahr hat sich die Darmflora des Babys dann aber so weit stabilisiert, dass keine Bedenken mehr gegen Honig bestehen.

Trinken in der „Breiphase"

Mit dem Ersatz der Milchmahlzeiten durch Beikost wird die Nahrung fester und enthält weniger Flüssigkeit. Anfangs wird das Baby noch wenig Durst haben, da es durch die verbleibenden Milchmahlzeiten noch genügend Flüssigkeit zu sich nimmt. Doch je mehr feste Kost es verzehrt, um so wichtiger wird auch das Trinken.

Am besten bieten Sie Ihrem Kind über den Tag verteilt, auch zu den Mahlzeiten, kleine Mengen an Getränken an. Je nach Alter nehmen Sie z. B. eine Saugflasche, eine Trinklerntasse oder einen kleinen Becher. Der Flüssigkeitsbedarf Ihres Babys beträgt im zweiten Lebensjahr ca. 0,5 Liter am Tag.

Die besten Getränke zum Durstlöschen sind Trinkwasser (siehe Seite 16) oder ein Mineralwasser speziell für Babys. Zur Abwechslung können Sie auch mal einen ungesüßten Kräutertee, der am besten frisch aufgebrüht sein sollte, anbieten. Hier eignen sich im ersten Jahr Fenchel, Kümmel oder Kamille. Von den im Handel erhältlichen Babytees muss überwiegend abgeraten werden, da sie Zuckerzusätze enthalten, die den Babyzähnen schaden können. Zudem enthalten viele Babytees Eiweiß als Trägersubstanz, das allergieauslösend wirken kann.

Ab und zu können Sie auch einen mit Wasser oder Tee verdünnten Frucht- oder Möhrensaft servieren. Am besten schmecken diese Gemüse- und Fruchtsäfte frisch gepresst.

Zuckerhaltige Tees und Fruchtsäfte sollten Sie Ihrem Kind nicht zum Dauernuckeln aus dem Fläschchen überlassen. Neben Zucker können auch Fruchtsäuren die Milchzähne erheblich angreifen. Am besten verwenden Sie einen Trinkbecher und begrenzen die Trinkdauer.

Der erste Löffel Möhrchenbrei

Als allererste Beikost schmeckt dem Baby ein Gemüsebrei aus Möhren. Da zunächst nur wenige Löffel pro Mahlzeit gefüttert werden, bietet sich ein gekauftes Karottenpüree aus dem Handel an, das in extra kleinen Portionsgläsern à 125 g angeboten wird. Ein weiterer Vorteil dieser Gläschenkost ist der kontrolliert niedrige Nitratgehalt.

Benutzen Sie zur Fütterung einen flachen schmalen Plastiklöffel. Am ersten Tag entnehmen Sie die Hälfte des Breis aus dem Gläschen und erwärmen diese Portion. Das Gläschen mit dem restlichen Karottenpüree stellen Sie verschlossen in den Kühlschrank. Am nächsten Tag verfüttern Sie den Rest. Da Ihr Baby zunächst nur ein bis zwei Löffelchen probiert, bleibt garantiert was übrig. Diese Reste dürfen allerdings nicht noch einmal erwärmt werden. Am dritten Tag öffnen Sie also ein neues Gläschen.

Sie können natürlich auch schon den ersten Gemüsebrei selbst zubereiten. Das Rezept finden Sie auf Seite 34.

Die ersten Löffelversuche sind nicht unbedingt gleich erfolgreich. Anfängliche Schwierigkeiten, die das Baby mit dem Schlucken des Breis hat, sind völlig normal. Durch das Saugen hat es einen ganz anderen Bewegungsablauf trainiert. Meist werden also die ersten Löffel Brei ohne Schlucken wieder herausmanövriert. Aber Geduld, schon bald wird es gelernt haben, wie es funktioniert.

Die Rezepte

Die Mittagsbreie
ab 4 ½ Monaten oder später

Mein erster Brei – Der Möhrchenbrei (1. Woche)

Möhren enthalten viel Carotin, eine Vorstufe von Vitamin A, das unentbehrlich für ein gesundes Wachstum ist . Der Brei aus gekochten Möhren wird übrigens wie die anderen Beikostmahlzeiten nicht nachgewürzt, sie schmecken auch pur angenehm süß. Die einzige weitere Zutat ist Öl. Es sorgt dafür, dass die fettlöslichen Vitamine, die in den Möhren stecken, auch aufgenommen werden können. Runden Sie Möhrengemüse auch später immer mit etwas Butter, einem kleinen Schuss Sahne oder Öl ab.

Für 1 Portion, ab 4 ½ Monaten

1 junge Möhre (Bioanbau)
einige Tropfen Maiskeimöl

Zubereitungszeit: 10 Minuten

Die Möhre waschen, schälen und klein schneiden. In wenig Wasser weich dünsten, abgießen und anschließend mit etwas Kochwasser fein pürieren. Zum Schluss das Öl unterrühren.

Füttern Sie zunächst eine Woche lang diesen Möhrenbrei. Wenige Babys reagieren auf Möhren mit Verstopfung oder Verschlimmerung bereits bestehender Hautprobleme. Wenn Sie das bei Ihrem Baby beobachten, dann setzen Sie den Möhrenbrei ab und versuchen Sie stattdessen einen Brei aus Kürbis- oder Zucchinigemüse.
Gewöhnt sich Ihr Baby langsam an die Löffelkost, dann bereiten Sie nach dieser ersten Brei-Woche einen Brei aus zwei Teilen Möhren und einem Teil Kartoffeln zu.

Diesen Brei können Sie auch komplett für eine Woche im Voraus kochen. Er wird anschließend portioniert und eingefroren (siehe Seite 73).

Möhrchenbrei

Möhrchen-Kartoffelbrei (2. Woche)

Der Möhrenbrei wird nach einer Woche mit Kartoffeln ergänzt. Kartoffeln sind kaliumreich und enthalten viel Vitamin C. Aufgrund ihrer Nährstoffgehalte sind sie Reis oder Nudeln zunächst vorzuziehen. Auch im weiteren Verlauf des ersten Lebensjahres sollten sie eine der Hauptbestandteile der Mittagsmahlzeit bleiben.

Nach ein paar Tagen kann Ihr Baby auf den Gemüse-Kartoffel-Fleischbrei umsteigen.

Für 1 Portion, ab Ende 4. Monat

1 (ca. 100 g) junge Möhre (Bioanbau)
1/2 (ca. 50 g) mittelgroße Kartoffel
8 g Maiskeimöl

Zubereitungszeit: 15 Minuten

Möhre und Kartoffel waschen, schälen und klein schneiden. In wenig Wasser gar dünsten. Möhre und Kartoffel mit etwas Kochwasser und unter Zugabe des Öls fein pürieren.

Auch dieser Brei kann in größerer Menge vorbereitet werden (siehe Seite 73).

Mittagsbreie ab dem 5./6. Monat

Der Gemüse-Kartoffel-Fleischbrei

Ab dem 5. Monat gibt es das erste richtige Menü. Der einfache Gemüse-Kartoffelbrei wird nun mit Fleisch ergänzt. Fleisch ist reich an biologisch hochwertigem Eiweiß und eine der besten Eisenquellen überhaupt. Zudem enthält es Eisen in einer leicht resorbierbaren Form, die das Baby jetzt benötigt, da die Eisenvorräte, die es im Mutterleib angelegt hat, langsam zur Neige gehen. Zur Auswahl stehen mageres Kalb-, Rind-, Schweine- und Geflügelfleisch.
Beginnen Sie zunächst mit dem geschmacklich nicht so intensiven Fleisch von Geflügel, z. B. Hühner- oder Putenfleisch. Später führen Sie dann auch Rind-, Kalb- und Schweinefleisch ein und wechseln die verschiedenen Fleischsorten öfter ab, da rotes Fleisch, also das Fleisch vom Rind und Schwein, eisenhaltiger ist als helles Geflügelfleisch. Mengenmäßig orientieren Sie sich im ersten "Menümonat" an 20 g Fleisch. Wenn Ihr Baby bereits einen guten Appetit entwickelt hat, erhöhen Sie im nächsten Monat die Menge auf 25 g.

Möhren-Kartoffel-Geflügelbrei

Als erste Fleischmahlzeit gibt es einen Geflügelbrei. Vergessen Sie auch weiterhin nicht die Zugabe von Öl zum Mittagsbrei. Babys benötigen verhältnismäßig viel Energie, und Fett ist der Hauptenergielieferant.

Das Hähnchenbrustfilet unter fließendem Wasser waschen und klein schneiden. In einen Topf mit wenig Wasser geben und ca. 5 Minuten garen. Möhren und Kartoffel waschen und schälen, klein schneiden und in wenig Wasser (ca. 1/2 Tasse) abgedeckt in ca. 6 bis 8 Minuten weich kochen.

Kartoffel und Möhren abgießen, mit dem Hähnchenfleisch in eine Schale geben, Saft dazugießen und alles unter Zugabe von ca. 1 EL Kochwasser pürieren. Anschließend das Öl unterrühren.

Für 1 Portion, ab 5./6. Monat

20-25 g Hähnchenbrustfilet
90 g Möhren
40 g Kartoffel
30 ml Orangensaft
8 g Sonnenblumenöl

Zubereitungszeit: 15 Minuten

Fenchel-Kartoffel-Geflügelbrei

Fenchel ist aus der Babyernährung nicht wegzudenken. Sein aufgebrühter Samen eignet sich wunderbar als Babytee, und als Gemüse zubereitet enthält er genauso viel Eisen wie Spinat und fast doppelt so viel Vitamin C wie eine Orange.

Für 1 Portion, ab 5./6. Monat

90 g geputzter Fenchel
40 g Kartoffel
20-25 g Putenbrust
30 ml Apfelsaft mit Vitamin C
8 g Maiskeimöl

Zubereitungszeit: 15 Minuten

Fenchel waschen und putzen. Dazu den Fenchel schälen und den festen Strunk aus der Mitte herausschneiden. Kartoffel waschen, schälen und mit dem Fenchel klein schneiden. Beides in wenig Wasser abgedeckt ca. 10 Minuten weich dünsten. Putenbrust waschen, klein schneiden und nach ca. 5 Minuten zum Gemüse geben. Fleisch, Gemüse und Kartoffeln abgießen und unter Zugabe des Saftes fein pürieren. Das Öl unterrühren.

Kohlrabi-Möhren-Geflügelbrei

Am besten verwenden Sie frische junge Kohlrabi-Knollen, dann haben Sie nicht so viel Abfall. Nutzen Sie auch die zarten Herzblätter, sie sind sehr aromatisch und enthalten mindestens ebenso viele Mineralien und Vitamine wie die Knolle selbst.

Für 1 Portion, ab 5./6. Monat

20-25 g Hähnchenbrustfilet
oder Putenbrust
40 g Kohlrabi
50 g Möhren
40 g Kartoffel
1 EL Orangensaft
2 EL Apfelsaft plus Vitamin C
8 g Sonnenblumenöl

Zubereitungszeit: 15 Minuten

Hähnchenbrustfilet unter fließendem Wasser waschen und klein schneiden. In einen Topf mit wenig Wasser geben und ca. 5 Minuten garen. Kohlrabi, Möhren und Kartoffeln schälen, klein schneiden und in wenig Wasser (ca. 1/2 Tasse) abgedeckt für ca. 8 bis 10 Minuten weich kochen.
Kartoffeln und Gemüse abgießen, mit dem Hähnchenfleisch in eine Schale geben, Saft dazugießen und alles unter Zugabe von ca. 1 EL Kochwasser pürieren. Anschließend das Sonnenblumenöl unterrühren.

Fenchel-Kartoffel-Geflügelbrei

Fenchel-Apfel-Geflügelbrei

Fenchel und Apfel ist eine bewährte Kombination, z. B. auch als Saftschorle aus 1 Teil Apfelsaft und 3 Teilen Fencheltee.

Für 1 Portion, ab 5./6. Monat

20-25 g Hähnchenbrustfilet
oder Putenbrust
50 g geputzter Fenchel
40 g Kartoffel
50 g Apfel
30 ml Apfelsaft mit Vitamin C
8 g Rapsöl

Zubereitungszeit: 15 Minuten

Hähnchenbrustfilet unter fließendem Wasser waschen und klein schneiden. Fenchel waschen und putzen. Dazu den Fenchel schälen und den harten Strunk aus der Mitte herausschneiden. Kartoffel waschen, schälen und mit dem Fenchel klein schneiden. Beides mit dem Fleisch in einen Topf mit wenig Wasser (ca. 1/2 Tasse) geben und ca. 8 Minuten garen. In der Zwischenzeit den Apfel schälen und auf einer Reibe (aus Plastik oder Glas) fein reiben. Kochwasser abgießen und das Gargut zusammen mit dem Apfelsaft fein pürieren. Das Rapsöl unterrühren und den geriebenen Apfel unterheben.

Brokkoli-Rindfleischbrei

Brokkoli ist ein Saisongemüse und nicht immer erhältlich. Statt frischer Ware können Sie grundsätzlich auch Tiefkühlgemüse verwenden. Achten Sie aber darauf, dass keine Zutaten wie Sahne, Crème fraîche, Gewürze oder ähnliches enthalten sind.

Für 1 Portion, ab 5./6. Monat

90 g Brokkoliröschen
40 g Kartoffeln
20-25 g mageres Rindfleisch, z. B. Tafelspitz
30 ml Apfelsaft mit Vitamin C
8 g Rapsöl

Zubereitungszeit: 15 Minuten

Brokkoli putzen, waschen und klein schneiden. Kartoffel waschen, schälen und klein schneiden. Beides in wenig Wasser weich kochen und abgießen. Fleisch ebenfalls klein schneiden und in wenig Wasser weich garen. Fleisch abseihen und mit Kartoffel, Brokkoli und dem Apfelsaft pürieren. Rapsöl unterrühren und servieren.

Mittagsbreie

Pastinakenbrei mit Schweinefleisch

Die Pastinake ist ein möhrenähnliches Wurzelgemüse mit angenehm süßem und würzigem Geschmack. In England als Püree eine Spezialität ist die Pastinake bei uns wenig bekannt und wird vorwiegend in der Babyküche verwendet.

Das Schweinefleisch klein schneiden und in wenig Wasser ca. 5 Minuten weich kochen. Pastinake und Kartoffel waschen, schälen und klein schneiden. Ebenfalls in wenig Wasser garen. Schweinefleisch mit den Kartoffel- und Pastinakenstückchen unter Zugabe von Apfelsaft pürieren und die Sahne anschließend unterrühren.

Für 1 Portion, ab 7. Monat

30 g mageres Schweinefleisch, z.B. Schweineschnitzel
100 g Pastinaken
50 g Kartoffel
35 ml Apfelsaft mit Vitamin C
8 g Sahne

Zubereitungszeit: 15 Minuten

Blumenkohl-Zucchini-Rindfleischbrei

Bei einem gesunden Säugling ohne Allergierisiko können Sie statt Öl auch mal Butter oder Sahne als Fettzusatz verwenden.

Rindfleisch klein schneiden und in wenig Wasser garen (ca. 5 Minuten). Zucchini und Kartoffel waschen und schälen, Blumenkohlrose waschen. Alles klein schneiden und in ca. 1/2 Tasse Wasser weich kochen (ca. 8 Minuten). Fleisch mit der Kartoffel und dem Gemüse unter Zugabe von Orangensaft pürieren. Die Butter zum Schluss unterrühren.

Für 1 Portion, ab 7. Monat

30 g mageres Rindfleisch, z.B. Tafelspitz
50 g Zucchini
50 g Kartoffeln
50 g Blumenkohl
35 ml Orangensaft
8 g Butter

Zubereitungszeit: 20 Minuten

Mittagsbreie

Kürbis-Kartoffel-Rindfleischbrei

In Bioläden bekommen Sie in den Herbst- und Wintermonaten den orangeroten Hokkaido, eine besonders wohlschmeckende japanische Kürbisart.

Für 1 Portion, ab 7. Monat

100 g geschälter Kürbis, z. B. Hokkaido
50 g Kartoffel
30 g Rindfleisch, z.B. Tafelspitz
35 ml Orangensaft
8 g Rapsöl

Zubereitungszeit: 15 Minuten

Das Kürbisfleisch in kleine Würfel schneiden. Kartoffel waschen, schälen und ebenfalls klein schneiden. Beides zusammen in einem Topf mit wenig Wasser abgedeckt ca. 8 bis 10 Minuten weich kochen. In der Zwischenzeit das Rindfleisch klein schneiden und in wenig Wasser abgedeckt (ca. 5 Minuten) weich garen. Fleisch, Kürbis und Kartoffel abgießen und alles unter Zugabe des Orangensaftes mit dem Schneidstab pürieren. Zum Schluss das Rapsöl unterrühren.

Spinat-Kartoffel-Fleischbrei

Ein Brei mit Spinat muss immer frisch zubereitet werden. Sie dürfen ihn weder für den nächsten Tag vorkochen, noch darf er eingefroren und wieder aufgetaut werden. Dies ist eine Vorsichtsmaßnahme, die für Säuglinge besonders wichtig ist, da es bei Spinat zu einer raschen Vermehrung von Bakterien kommt, die das enthaltene Nitrat in Nitrit umwandeln können (siehe Seite 16).

Für 1 Portion, ab 7. Monat

100 g Spinatblätter
50 g Kartoffel
30 g Fleisch, z.B. Kalbfleisch
35 ml Apfelsaft mit Vitamin C
8 g Sahne

Zubereitungszeit: 20 Minuten

Spinatblätter verlesen, waschen und noch nass in einen Topf geben. Deckel aufsetzen und die Blätter ca. 10 Minuten dünsten. Kartoffel waschen, schälen und klein schneiden. Fleisch ebenfalls klein schneiden. Kartoffelstückchen zunächst in wenig Wasser dünsten, nach einigen Minuten das Fleisch hinzufügen und noch weitere 5 Minuten garen.
Spinatblätter abgießen und mit den Kartoffel- und Fleischstückchen unter Zugabe des Saftes pürieren. Sahne unterrühren.

Fenchel-Bananenbrei mit Fleisch

Statt Apfelsaft mit Vitamin C kann auch mal ein Apfelsaft mit Acerola verwendet werden. Acerola ist eine westindische Kirschenart mit dem höchsten Vitamin-C-Gehalt aller Früchte.

Fenchel waschen und putzen. Dazu den Fenchel schälen, den harten Strunk in der Mitte entfernen und das Gemüse klein schneiden. In wenig Wasser abgedeckt ca. 10 Minuten dünsten. Fleisch klein schneiden und nach 5 Minuten zum Fenchel in den Topf geben. In weiteren 5 Minuten gar kochen. Fleisch und Fenchel unter Zugabe des Saftes pürieren. Die Butter unterrühren. Zum Schluss die Banane mit einer Gabel zermusen und unterheben.

Für 1 Portion, ab 7. Monat

100 g geputzter Fenchel
30 g Fleisch, z.B. mageres Lammfleisch
35 ml Apfelsaft mit Acerola
8 g Butter
1/2 Banane

Zubereitungszeit: 15 Minuten

Leckere fleischlose Mittagsbreie ab dem 7. Monat

Haben Sie sich für eine vegetarische Ernährung oder eine Abwechslung mit fleischloser Kost Ihres Babys entschieden, sollten Sie Folgendes beachten: Da Fleisch eine der besten Quellen für den steigenden Eisenbedarf im Beikostalter ist, muss bei fleischloser Kost vor allem auf eine ausreichende Eisenversorgung geachtet werden. Eisenmangel kann besonders bei kleinen Kindern zu Wachstumsstörungen und mangelnder geistiger Entwicklung führen. Zwar enthalten auch pflanzliche Lebensmittel Eisen, doch während das Eisen aus Fleisch zu etwa 20% genutzt werden kann, liegt die Verwertung aus pflanzlicher Nahrung nur bei 2 bis 5%. Deshalb ist es wichtig, auf besonders eisenreiche pflanzliche Nahrungsmittel wie Haferflocken, Hirse und Grünkern zurückzugreifen. Da Vitamin C die Eisenausnutzung fördert, kombinieren Sie öfter besonders Vitamin-C-reiches Gemüse, z. B. Blumenkohl, Brokkoli und Fenchel, mit diesen Getreidesorten. Außerdem enthält der vegetarische Brei zusätzlich Vitamin-C-reichen Obstsaft.

Zucchini-Bananen-Haferflockenbrei

Zucchini und Banane – zugegeben eine etwas gewagte Kombination, doch Ihrem Baby wird es sicherlich schmecken. Wenn Sie glutenhaltige Getreide meiden wollen, verwenden Sie Reisflocken anstelle der Haferflocken.

Für 1 Portion, ab 7. Monat

50 g Kartoffel
50 g Zucchini
10 g Instant-Haferflocken
50 g geschälte Banane
30 ml Apfelsaft mit Acerola
8 g Sonnenblumenöl

Zubereitungszeit: 15 Minuten

Kartoffel und Zucchini waschen, schälen und klein schneiden. In einen Topf mit wenig Wasser geben, Deckel aufsetzen und weich kochen. Abgießen und Kochwasser auffangen. Kartoffel- und Zucchiniwürfel, Instant-Haferflocken und klein geschnittene Banane in eine Schale geben, Saft hinzugießen und alles unter Zugabe von wenig Kochwasser pürieren. Öl unterrühren und servieren.

Zucchini-Bananen-Haferflockenbrei

Möhren-Kartoffel-Reisflockenbrei

Gegen Ende des ersten Lebensjahres können Sie dieses Gericht auch mit gekochtem Reis zubereiten. Wenn Sie dann noch die Rezeptmengen erhöhen, bereiten Sie daraus eine vegetarische Kartoffel-Reis-Pfanne für die ganze Familie zu.

Für 1 Portion, ab 7. Monat, glutenfrei

100 g Möhren
50 g Kartoffel
10 g Reisflocken
30 ml Orangensaft
8 g Butter

Zubereitungszeit: 15 Minuten

Möhren und Kartoffel waschen, schälen und klein schneiden. Beides in wenig Wasser weich kochen. Abgießen und Kochwasser auffangen. Die Reisflocken hinzugeben, den Saft dazugießen und alles mit etwas Kochwasser fein pürieren. Die Butter unterrühren.

Möhren-Brokkoli-Polenta

Vollwertprodukte aus Mais bekommen Sie im Reformhaus oder Bioladen. Polenta ist Maisgrieß, der aus dem ganzen Maiskorn hergestellt wird. Aus dem Korn wird übrigens auch das Maiskeimöl gewonnen. Polenta lässt sich auch zu Nocken oder Schnitten verarbeiten.

Für 1 Portion, ab 7. Monat, glutenfrei

50 g Möhre
50 g Kartoffel
50 g Brokkoli
10 g Maisgrieß (Polenta)
30 ml Orangensaft
8 g Maiskeimöl

Zubereitungszeit: 20 Minuten

Möhre und Kartoffel waschen, schälen und klein schneiden. Brokkoli putzen, waschen und ebenfalls klein schneiden. Alles zusammen in wenig Wasser abgedeckt gar dünsten.
Maisgrieß in einem kleinen Topf mit 5 EL Wasser unter Rühren aufkochen. Gemüse und Kartoffel zum Grieß geben und alles mit dem Orangensaft pürieren. Zum Schluss das Öl unterrühren.

Möhren-Brokkoli-Polenta

Fruchtiger Kürbis-Haferbrei

Da Kürbisfleisch wenig Eigengeschmack besitzt, lässt es sich pikant (siehe Seite 42) und auch fruchtig anrichten.

Für 1 Portion, ab 7. Monat

50 g Kartoffel
100 g Kürbisfleisch ohne Schale, z. B. Hokkaido
1 reifer Pfirsich
10 g Instant-Haferflocken
35 ml Orangensaft
8 g Maiskeimöl

Zubereitungszeit: 20 Minuten

Kartoffel waschen, schälen und klein schneiden. Kürbisfleisch ebenfalls klein schneiden und zusammen mit den Kartoffelstücken in wenig Wasser ca. 8 bis 10 Minuten weich kochen. Pfirsichhaut einritzen, mit heißem Wasser überbrühen und anschließend die Haut mit einem scharfen Messer abziehen. Den Pfirsich halbieren, entkernen und klein schneiden. Kartoffel und Kürbis abgießen, dabei das Kochwasser auffangen.
Beides mit den Pfirsichstücken und den Instant-Haferflocken unter Zugabe von 1 EL Kochwasser pürieren. Den Orangensaft und das Öl unterrühren.

Blumenkohl-Zucchini-Hirseflockenbrei

Ab ca. 12 Monaten können Sie allmählich die Hirseflocken durch geschälte Hirsekörner ersetzen. Hirse ist ein richtiges Kraftkorn: sehr klein, aber gehaltvoll. Kombinationen aus Gemüse und Obst mit Hirse sind daher in der vegetarischen Küche sehr beliebt.

Für 1 Portion, ab 7. Monat, glutenfrei

100 g Blumenkohl
50 g Zucchini
50 g Kartoffel
10 g Hirseflocken
30 ml Apfelsaft mit Vitamin C
8 g Butter

Zubereitungszeit: 15 Minuten

Blumenkohl und Zucchini waschen, putzen und klein schneiden. Kartoffel ebenfalls waschen, schälen und klein schneiden. Alles in wenig Wasser abgedeckt ca. 10 Minuten weich garen. Kurz vor Ende der Garzeit die Hirseflocken hinzugeben und alles mit ein wenig Kochflüssigkeit und dem Apfelsaft mit dem Pürierstab durchmixen. Anschließend die Butter unterrühren.

Pikanter 4-Kornbrei

Fenchel enthält viel Vitamin C und fördert die Eisenaufnahme, deswegen sollte er in Kombination mit Getreide oft auf dem vegetarischen Speiseplan stehen. Darüber hinaus ist er sehr vielseitig. Er eignet sich als Rohkost, in der Gemüsesuppe und schmeckt auch sehr lecker überbacken.

Fenchel waschen, schälen und den harten Strunk entfernen. Kartoffel waschen, schälen und mit dem Fenchel klein schneiden. Beides in einen Topf mit wenig Wasser geben und abgedeckt ca. 10 Minuten köcheln lassen. Die 4-Kornflocken gegen Ende der Garzeit hinzufügen, alles noch einmal aufkochen lassen und unter Zugabe des Apfelsaftes und wenig Kochflüssigkeit mit dem Pürierstab zerkleinern. Zuletzt die Butter unterrühren.

Für 1 Portion, ab 9. Monat

100 g geputzter Fenchel
50 g Kartoffel
10 g 4-Kornflocken
(Hafer, Weizen, Gerste, Roggen)
35 ml Apfelsaft
8 g Butter

Zubereitungszeit: 15 Minuten

Abendbreie ab dem 6. Monat

Der Vollmilch-Getreidebrei

Nachdem Ihr Baby nun bereits seit einem Monat das Mittagsmenü (Gemüse-Kartoffel-Fleischbrei) löffelt, gibt es ab jetzt auch abends eine leckere Alternative zur puren Milchmahlzeit. Bereiten Sie einen Vollmilch-Getreidebrei zu, der mit etwas Obst bzw. Obstsaft angereichert wird. Die Zutatenliste ist so einfach, wie der Name klingt: Milch, Getreide und Obst.

Die Milch für den Vollmilch-Getreidebrei sollte einen Fettgehalt von 3,5 % besitzen, da entrahmte oder fettarme Milch zu wenig Kalorien für Babys enthält. Da Rohmilch und Vorzugsmilch nicht wärmebehandelt sind, können sie Krankheitskeime enthalten und kommen für die Babyernährung nicht in Frage. Die Vollmilch sollte auf jeden Fall pasteurisiert sein, und auch H-Milch enthält noch ausreichend Vitamine.

Kuhmilch im ersten Lebensjahr

Aus mehreren Gründen ist die Verwendung von Kuhmilch im ersten Lebensjahr nur eingeschränkt zu empfehlen:

- Kuhmilch ist das Lebensmittel, das im Säuglingsalter am häufigsten Allergien auslöst. Bei Allergierisiko sollte deshalb im gesamten ersten Jahr auf Kuhmilch verzichtet werden und stattdessen Muttermilch oder HA-Milch als Milchersatz, z. B. im Vollmilch-Getreidebrei, verwendet werden.
- Hohe Mengen Kuhmilch können die Eisenversorgung des Säuglings beeinträchtigen.
- Einige wichtige Nährstoffe sind in Kuhmilch nicht ausreichend vorhanden. Es mangelt z. B. an Linolsäure, Vitamin E, Kupfer, Eisen und Jod. Diese sind industriell hergestellter Fertigmilch zugesetzt.

Geringe Mengen an Kuhmilch, wie sie z. B. im Vollmilch-Getreidebrei verwendet werden, gelten bei gesunden Säuglingen als unproblematisch. Als Getränk hingegen bietet sich bis gegen Ende des ersten Lebensjahres aus oben genannten Gründen eine Fertigmilch an.

Wenn es schnell gehen soll, reicht es, wenn Sie in den Vollmilch-Getreidebrei einige Löffelchen Obstsaft einrühren. Dabei kommt es auf den richtigen Vitamin-C-Gehalt an, also verwenden Sie am besten einen Orangensaft oder einen Apfelsaft, der mit Vitamin C angereichert ist. Oder Sie rühren anstelle des Obstsaftes etwas Obstpüree unter (siehe Seite 52).

Obstpüree

Basisrezept für Obstpüree

Für 500 g, ab 6. Monat

500 g Obst, z.B. milde Äpfel,
reife Birnen, Aprikosen usw.

Zubereitungszeit: 15 Minuten

Zur Abwechslung können Sie anstelle des Obstsaftes einige Löffel Obstpüree unter den Vollmilch-Getreidebrei mixen.

Das Obst waschen und schälen. Kerngehäuse entfernen und klein schneiden. Wenn Sie Aprikosen verwenden wollen, müssen Sie diese zunächst mit heißem Wasser überbrühen, enthäuten und entkernen. Das Obst in einen Topf mit wenig (!) Wasser geben, abdecken und in ca. 5 bis 10 Minuten weich dünsten. Anschließend pürieren und nach Bedarf kühl stellen oder einfrieren.

Apfel-Reisflockenbrei

Für 1 Portion, ab 6. Monat, glutenfrei

200 ml Vollmilch (3,5 %)
20 g Baby-Reisflocken
1/2 Apfel
1 TL Orangensaft

Zubereitungszeit: 5 Minuten

Die Baby-Reisflocken müssen genau wie Instant-Haferflocken nicht aufgekocht werden. Es genügt, sie mit aufgekochter Milch zu übergießen.

Die Milch in einen kleinen Topf geben und unter Rühren aufkochen lassen. Die Reisflocken mit der aufgekochten Milch übergießen. Apfel schälen und auf einer Reibe (aus Plastik oder Glas) fein reiben. Geriebenen Apfel mit dem Orangensaft unter den Reisflockenbrei rühren.

Bananen-Zwiebackbrei

Für 1 Portion, ab 6. Monat

200 ml Vollmilch (3,5 %)
2 Scheiben Zwieback, ungesüßt
1/2 geschälte Banane
1 TL Orangensaft

Zubereitungszeit: 5 Minuten

Viele Säuglinge lieben Zwieback, deshalb gibt es hier auch ein leckeres Breirezept mit Zwieback. Zwieback ist glutenhaltig.

Milch in einem Topf erwärmen und über den zerbröselten Zwieback gießen. Die Banane in Stückchen schneiden und zum Zwiebackbrei geben. Mit einer Gabel alles leicht zermusen und den Orangensaft unterrühren.

Orangen-Maisbrei

Mit Maismehl lässt sich schnell ein wohlschmeckender Brei zubereiten. Der von sich aus süßliche Brei wird durch wenig Orangensaft leicht fruchtig. Maismehl lässt sich übrigens in der Küche hervorragend zum Binden von Saucen und Suppen verwenden.

Milch in einem kleinen Topf aufkochen und anschließend das Maismehl unter Rühren mit dem Schneebesen einstreuen. Den Brei unter Rühren eine Minute aufkochen lassen, vom Herd nehmen und den Orangensaft unterrühren.

Für 1 Portion, ab 7. Monat, glutenfrei

200 ml Vollmilch (3,5 %)
20 g Maismehl (Kukuruz)
20 ml Orangensaft

Zubereitungszeit: 5 Minuten

Pfirsich-Haferflockenbrei

Das Obst für die Obstbreie sollte möglichst frisch sein; ersatzweise können Sie auch Tiefkühlobst ohne Zusätze verwenden. Früchte aus der Konserve kommen wegen des hohen Zuckergehalts und der fehlenden Vitamine nicht infrage. Verwenden Sie wie im Rezept angegeben die blütenzarten Haferflocken, dann muss der Brei anschließend nicht mehr püriert werden.

Den Pfirsich kurz mit heißem Wasser überbrühen, die Haut mit einem spitzen Messer abziehen, klein schneiden und mit einer Gabel zermusen. Die Milch mit den Haferflocken unter Rühren aufkochen, vom Herd nehmen und ca. 5 Minuten quellen lassen. Anschließend das Pfirsichmus bzw. das Aprikosenpüree unterrühren.

Für 1 Portion, ab 8. Monat

1 reifer Pfirsich oder
3 EL Aprikosenpüree
200 ml Vollmilch (3,5 %)
20 g Haferflocken, blütenzart

Zubereitungszeit: 10 Minuten

Abendbreie **53**

4-Kornbrei mit Himbeersaft

Anstelle frischer Himbeeren kann für den Obst-Getreidebrei auch tiefgekühltes Obst verwendet werden. Die Himbeeren auftauen lassen und genau wie die frischen Früchte durch ein Sieb streichen, um die Kernchen zu entfernen. Wenn Sie keine Getreidemühle besitzen, können Sie die Getreidekörner im Bioladen mahlen lassen.

Für 1 Portion, ab 8. Monat

200 ml Vollmilch (3,5 %)
20 g fein gemahlene 4-Kornmischung
3 EL Himbeeren

Zubereitungszeit: 10 Minuten

Die Milch mit dem 4-Kornmehl unter Rühren aufkochen, vom Herd nehmen und ca. 5 Minuten quellen lassen. In der Zwischenzeit die Himbeeren durch ein Plastiksieb streichen, dabei den Saft auffangen. Den Himbeersaft unter den Kornbrei rühren.

Süßer Reisbrei mit Trauben

Kaufen Sie einen süßen Reis (Bioladen) und lassen Sie die Körner zu Mehl mahlen. Reismehl enthält die Kraft des vollen Korns und ist glutenfrei.

Für 1 Portion, ab 8. Monat,
glutenfrei

200 ml Vollmilch (3,5 %)
20 g fein gemahlener süßer Reis
einige Weintrauben

Zubereitungszeit: 10 Minuten

Milch mit dem Reismehl in einem kleinen Topf unter Rühren zum Kochen bringen. Vom Herd nehmen. Die Weintrauben halbieren, entkernen und in wenig Wasser einige Minuten dünsten. Die Weintrauben dann durch ein Plastiksieb streichen und unter den Reisbrei rühren.

4-Kornbrei mit Himbeersaft

Breie für den Nachmittag ab dem 7. Monat

Der Getreide-Obstbrei

Nach einem weiteren Monat gibt es nachmittags statt der Milchmahlzeit einen Getreide-Obstbrei mit den wertvollen Inhaltsstoffen des Getreides. Sie können das gleiche Getreide wie bei der Zubereitung des Vollmilch-Getreidebreis verwenden. Allerdings wird der Nachmittagsbrei nicht mit Milch, sondern mit Wasser angerührt, da sonst der Eiweißgehalt zu hoch wäre. Dafür aber darf eine andere wichtige Zutat, die Fettzugabe, nicht vergessen werden. Sonst ist der Kaloriengehalt zu gering, und Ihr Baby bekommt schnell wieder Hunger.

Aprikosen-Bananen-Dinkelgrieß

Denken Sie daran, dass Dinkel mit Weizen verwandt ist und ebenfalls Gluten enthält. Verwenden Sie bei Allergierisiko ein anderes Getreide, z. B. Hirse, Mais oder Reis.

Für 1 Portion, ab 7. Monat

1 Aprikose
20 g Dinkelgrieß
100 ml Wasser
5 g Butter
1/2 Banane

Die Aprikose mit heißem Wasser übergießen und ca. 2 bis 3 Minuten ziehen lassen. In der Zwischenzeit den Dinkelgrieß mit 100 ml Wasser verrühren und aufkochen lassen. Vom Herd nehmen und die Butter unterrühren. Die Aprikose enthäuten und sie wie die Banane klein schneiden. Beides unter den Grieß heben und alles pürieren.

Zubereitungszeit: 10 Minuten

Hirseflockenbrei mit Birnen-Traubenmus

Hirseflocken haben eine ähnliche Konsistenz wie Haferflocken und sind in den einzelnen Rezepten untereinander austauschbar.

Das Wasser aufkochen, über die Hirseflocken gießen und quellen lassen. In der Zwischenzeit die Birne schälen, klein schneiden und mit dem Traubensaft pürieren. Die Sahne unter den Hirseflockenbrei rühren, diesen eventuell ebenfalls pürieren und das Birnen-Traubenmus dazu reichen.

Für 1 Portion, ab 7. Monat, glutenfrei

90 ml Wasser
20 g Hirseflocken
1/2 reife weiche Birne
1 TL roter Traubensaft
1 TL Sahne

Zubereitungszeit: 10 Minuten

Apfel-Reiswaffelbrei

Die ungesalzenen Reiswaffeln (aus dem Bioladen) sollte man grundsätzlich im Haus haben, denn Babys knabbern gern darauf herum. Mit einem geriebenen Apfel können Sie daraus schnell einen Nachmittags-Snack zubereiten.

Die Reiswaffeln mit den Händen zerkleinern, das Wasser aufkochen und die Hälfte über die Reiswaffelbrösel gießen. Den Apfel schälen, klein schneiden und auf einer Reibe (aus Plastik oder Glas) fein reiben. Den Reiswaffelbrei unter Zugabe der Sahne fein pürieren und den geriebenen Apfel oder das Apfelpüree unterziehen.

Für 1 Portion, ab 7. Monat

2 1/2 Reiswaffeln (ungesalzen)
200 ml Wasser
1 Apfel oder 5 EL Apfelpüree
1 TL Sahne

Zubereitungszeit: 5 Minuten

Bananen-Haferbrei mit Nektarinensahne

Für 1 Portion, ab 7. Monat

100 ml Wasser
20 g Instant- Haferflocken
1/2 geschälte Banane
1 Nektarine
1 TL Sahne

Zubereitungszeit: 15 Minuten

Bananen geben einem Brei viel Süße, es reicht also meist eine halbe Banane aus. Die restliche Hälfte können Sie im Kühlschrank für eine andere Mahlzeit aufbewahren.

Wasser bis zum Kochen erwärmen, vom Herd nehmen und die Instant-Haferflocken unterrühren. Die Banane mit einer Gabel zermusen und unter den Haferbrei mengen. Die Nektarine schälen, halbieren, den Kern herauslösen und in Spalten schneiden. Nektarinenspalten pürieren und die Sahne unterrühren. Nektarinensahne zum Haferbrei servieren.

Trockenobst-Winterbrei

Für 1 Portion, ab 8. Monat

30 g Trockenobst
(Rosinen, Aprikosen, Pflaumen)
100 ml Wasser
20 g Reisflocken
5 g Butter

Zubereitungszeit: 5 Minuten plus Quellzeit

Im Winter darf es statt frischem Obst auch mal Trockenobst sein. Das Trockenobst zerkleinern, mit heißem Wasser bedecken und ca. 15 Minuten quellen lassen.

Wasser aufkochen lassen, über die Reisflocken gießen und die Butter unterrühren. Mit dem gequollenen Trockenobst mischen und alles pürieren.

Grießbrei mit Mangomus

Für 1 Portion, ab 9. Monat

90 ml Wasser
20 g Weichweizengrieß
5 g Butter
100 g reifes Mangofruchtfleisch
(geschält)

Zubereitungszeit: 5 Minuten

Den Grießbrei können Sie bereits ab dem 7. Monat füttern, wenn Sie statt des Mangofruchtfleisches zunächst Birnen- oder Apfelpüree als Obsteinlage verwenden.

Wasser in einem kleinen Topf zum Kochen bringen und den Grieß unter Rühren mit dem Schneebesen einstreuen. Den Grieß eine Minute unter Rühren aufkochen lassen, dann vom Herd nehmen und die Butter unterrühren. Das Mangofruchtfleisch klein schneiden und pürieren. Das Mangopüree unter den Grießbrei rühren.

Trockenobst-Winterbrei

Menüs ab dem 10. Monat

Wenn große Babys schlemmen

Allmählich gleicht sich der Speiseplan Ihres Babys dem der „Großen" an. Das Baby sitzt bereits mit am Tisch. Es bekommt ein eigenes Tellerchen und darf auch schon selbst löffeln. Es isst nun drei Hauptmahlzeiten am Tag. Morgens ein Frühstück, eine Zwischenmahlzeit am Vormittag, das Mittagessen, dann nochmals eine Zwischenmahlzeit und zum Abschluss des Tages ein Abendbrot.

Da das Baby mit den ersten Zähnchen auch das Kauen lernen soll, werden die Gerichte nicht mehr zu Brei püriert. Es reicht ab jetzt, das Fleisch klein zu schneiden und das Gemüse und die Kartoffeln leicht zu zerdrücken.

Im Prinzip bleibt der Gemüse-Kartoffel-Fleischbrei als Mittagessen bestehen. Sie können das Essen also weiterhin nach den Rezepten ab Seite 37 zubereiten, wobei sich der Kartoffelanteil auf 60 g, der Obstsaft auf 40 ml und der Fettzusatz auf 10 g erhöhen.
Sie können weitere neue Gemüsesorten einführen und statt der Kartoffel bringt auch mal ein Reis- oder Nudelgericht Abwechslung.

Beachten sollte man für diese Zeit Folgendes:

- Weiterhin sollte Salz gar nicht oder nur sparsam verwendet werden. Geschmacklich können Sie die Gerichte am besten mit frischen Kräutern abrunden, keinesfalls dürfen Sie scharfe Gewürze verwenden.
- Grundsätzlich sollten weder blähende Lebensmittel wie Bohnen noch sehr fettreiche und schwer verdauliche wie Pommes frites aus der Friteuse oder Gegrilltes auf der Speisekarte stehen.
- Nüsse und andere harte Körner wie Sonnenblumenkerne usw. sollten noch gemieden werden, da sie beim Schlucken leicht in die Luftröhre gelangen und das Baby daran ersticken kann.

Eine Auswahl an Rezepten soll Ihnen beispielhaft zeigen, wie Sie die Babykost allmählich mit den Zutaten der Familienkost verbinden können. Zusätzlich erhalten Sie Tipps, wie Sie die Mittagsmahlzeit fürs Baby auf die ganze Familie ausweiten können.

Das Frühstück

Zum Frühstück gibt es eine Milchmahlzeit, das kann weiterhin Muttermilch oder auch eine Fertigmilch sein. Jeden zweiten Tag bieten Sie dann abwechslungsweise eine Brot- und Milchmahlzeit an, z. B. selbst gebackene Vollkornbrötchen (siehe unten) oder eine Scheibe Brot bestrichen mit Margarine und Aufstrich, z. B. den Mango-Bananencreme-Aufstrich (siehe unten) plus eine Tasse Vollmilch.
Den kleinen Hunger zwischendurch können Sie wiederum mit einem Brot oder Brötchen, z. B. belegt mit Bananen- oder Apfelscheiben stillen. Oder bereiten Sie ein Müsli aus 1 EL Getreideflocken mit Obst zu. Nachmittags knabbern die Kleinen auch gern einen Zwieback oder einen Vollkornkeks.

Selbst gebackene Vollkornbrötchen

Weizenmehl und Salz in einer Teigschüssel mischen. Die Hefe mit den Händen zerbröseln und in 100 ml Wasser unter Rühren auflösen. Das Hefewasser mit dem restlichen Wasser zum Mehl in die Schüssel geben und alles gut durchkneten. Mit den Händen mindestens 15 Minuten kneten, in der Küchenmaschine ca. 5 bis 10 Minuten. Die Schüssel mit einem sauberen Küchentuch abdecken und an einem warmen Ort ca. 30 Minuten gehen lassen. Den Teig nochmals gut durchkneten, zu einer Rolle formen und in 8 Stücke schneiden. Diese zu Brötchen formen und auf ein mit Backpapier ausgelegtes Backblech setzen. Nochmals 10 Minuten gehen lassen und im vorgeheizten Backofen bei 200°C ca. 15 Minuten backen.

Für 8 Stück, ab 10. Monat

100 g Weizenmehl, Typ 405
150 g Weizen, fein gemahlen
1/2 TL Jodsalz
1/2 Würfel frische Hefe
150 ml lauwarmes Wasser

Zubereitungszeit: 30 Minuten plus Ruhe- und Backzeit

Mango-Bananencreme-Aufstrich

5 EL kaltes Wasser in ein kleines Töpfchen geben, Agar-Agar klümpchenfrei einrühren und auf dem Herd erwärmen. Ca. 5 Minuten abgedeckt köcheln lassen. Mangospalte und Banane schälen, in Stücke schneiden und in den Topf geben. Mit dem Schneidstab des Handrührgerätes pürieren. Crème fraîche und Frischkäse zum Fruchtpüree geben und alles nochmals mit dem Pürierstab durchmixen. In ein sauberes Gefäß (ca. 250 ml) füllen und in den Kühlschrank stellen.

Für ca. 300 g, ab 10. Monat

1/2 gestr. TL Agar-Agar
200 g Obst, z.B. 1 Mangospalte und 1/2 Banane
2 geh. EL Crème fraîche
100 g Frischkäse mit Joghurt

Zubereitungszeit: 10 Minuten

Frühstück **61**

Mittagsmenüs

Kartoffeln mit Blumenkohl-Hackfleisch-béchamel

Für 1 Portion, ab 10. Monat

100 g Blumenkohl
50 g Kartoffel
1/2 TL Butter
40 g Rinderhack
1/2 TL Mehl
1 EL Sahne
frische gehackte Petersilie

Zubereitungszeit: 20 Minuten

Blumenkohlröschen klein schneiden, Kartoffel schälen und ebenfalls klein schneiden. In wenig Wasser gar kochen, abgießen und Kochwasser auffangen. Butter in einem kleinen Pfännchen erwärmen und das Hackfleisch darin krümelig anbraten. Mit Mehl bestäuben, anschließend jeweils 1 El Kochwasser und Sahne unterrühren. Mit frisch gehackter Petersilie bestreuen und Kartoffeln mit Blumenkohl unterheben.

Tipp: Für die Familienmahlzeit einen ganzen Blumenkohl von den dicken Blättern an der Unterseite befreien und komplett in einen Topf mit wenig Wasser geben. Zugedeckt bei mittlerer Hitze gar kochen (ca. 15 Min.). 400 g Hackfleisch mit 2 geh. EL Mehl bestäuben und mit 1/8 l Milch, 1/8 l Gemüsewasser, 3 EL Sahne aufgießen. Die Babymahlzeit abzweigen, den Rest salzen, pfeffern und mit ein wenig Muskatnuss abrunden. Dazu Salzkartoffeln servieren.

Fruchtiges Hirserisotto mit Orangen-Hüttenkäse

Für 1 Portion, ab 12. Monat

20 g geschälte Hirse
1 geh. TL Rosinen
2 EL Hirseflocken
60 ml Orangensaft
100 g Obst, z. B. Banane, Apfel, Nektarine
3 EL Hüttenkäse

Zubereitungszeit: 30 Minuten

Hirse heiß waschen und in 100 ml Wasser aufkochen und bei milder Hitze abgedeckt ca. 25 Minuten quellen lassen. Die Rosinen halbieren und mit den Hirseflocken in eine Schale geben, den Orangensaft darüber gießen und quellen lassen. Banane in kleine Stückchen schneiden, Apfel waschen, schälen, entkernen und auf einer Reibe grob raffeln. Haut von der Nektarine abziehen und in Stückchen schneiden. Gekochte Hirse mit den Obstwürfeln mischen. Orangensaft mit den Rosinen und den Hirseflocken unter den Hüttenkäse mengen und als Sauce zum Hirseobstbrei reichen.

Tipp: Für die Familienmahlzeit benötigen Sie 100 g Hirsekörner, 2 EL Rosinen, 250 ml Orangensaft, 10 EL Hirseflocken, 500 g Obst, 200 g Hüttenkäse. Zubereitung wie oben. Zusätzlich je 30 g Mandelstifte, Sonnenblumenkerne und gehobelte Haselnusskerne in 3 EL geschmolzenem Zucker bräunen und auf einem mit Öl eingepinselten Brett oder Teller erkalten lassen. Mit dem Messer in kleine Stücke hacken und über das Hirserisotto streuen.

Spaghetti mit warmem Brokkoli-Mandelpesto

Spaghetti in kochendes Salzwasser geben und nach Packungsangabe gar kochen. Brokkoli putzen, in Röschen teilen und in wenig Wasser abgedeckt ca. 10 Minuten weich kochen. Gemüsewasser abgießen und auffangen. Den Brokkoli mit den gemahlenen Mandeln, der Sahne und etwas Kochwasser pürieren. Den Käse unterheben. Die abgetropften Spaghetti mit wenig Öl beträufeln, mit dem Messer etwas zerkleinern und mit dem Brokkolipesto mischen.

Tipp: Für die Familienmahlzeit benötigen Sie je ein Pfund Spaghetti und Brokkoli, 3 geh. EL gemahlene Mandeln, 5 EL Sahne und 50 g geriebenen Gouda. Spaghetti und Brokkolipesto fürs Baby abzweigen, die restlichen Spaghetti wahlweise mit Olivenöl beträufeln. Das Pesto für Erwachsene mit Knoblauchsalz, Pfeffer und viel frischem Basilikum würzen.

Für 1 Portion, ab 10. Monat

60 g Spaghetti
100 g Brokkoli
1 geh. TL gemahlene Mandeln
1 EL Sahne
1 geh. TL geriebener Käse (Gouda)
etwas Maiskeimöl

Zubereitungszeit: 30 Minuten

Kartoffel-Schinken-Muffins mit Kräuterquark

Für 12 Muffins, ab 12. Monat

Für die Muffins:
250 g Weizenmehl
125 g Weizenvollkornmehl
20 g Zucker
1/2 Päck. Backpulver
2 TL Kräutersalz
6 (ca. 300 g) gekochte Pellkartoffeln
vom Vortag
200 g Zucchini
2 Eier
300 ml Milch
50 ml Öl
12 Scheiben Lachsschinken
ohne Fettrand

Für den Kräuterquark:
150 g Magerquark
50 g Crème fraîche mit Kräutern
etwas Mineralwasser
je zwei TL Schnittlauch, Petersilie, Dill

Zubereitungszeit: 20 Minuten
plus Backzeit

Mehl mit Vollkornmehl, Zucker, Backpulver und Kräutersalz in einer Teigschüssel mischen. Kartoffeln schälen, vierteln und mit einer Gabel zerdrücken. Zucchini waschen, putzen und grob raffeln. Die Eier mit der Milch und dem Öl verquirlen. Zerquetschte Kartoffel und Zucchiniraffel unterheben. Alles zum Mehl in die Schüssel geben und rühren, bis alles gleich feucht ist. Lachsschinken in kleine Stücke schneiden und zum Schluss unterheben. Den Teig portionsweise in ein Muffinblech häufen. Die Muffins im vorgeheizten Backofen bei 180° C ca. 25 Minuten backen.

Magerquark mit Crème fraîche und Salz verrühren. Die Kräuter unterheben.

Tipp: Für die Erwachsenen geben Sie zusätzlich 2 geh. EL Röstzwiebeln unter den Teig und bestreuen die Muffins vor dem Backen mit geriebenem Käse. Nach Geschmack mit Tomatenwürzsalz abschmecken.

Kartoffel-Schinken-Muffins

Grüne Suppe

Für 4 Portionen, ab 10. Monat

1 Kopfsalat
10 g Butter
1 EL Rapsöl
150 g Tiefkühlerbsen
600 ml Milch
1 gestr. EL Gemüsebrüheextrakt
1 geschälte rohe Kartoffel
Piment, Curry, Pfeffer

Zubereitungszeit: 30 Minuten

Die äußeren Blätter des Kopfsalats entfernen und die festen Rippchen aus der Blattmitte heraustrennen. Die Blätter waschen und mit einem Messer in feine Streifen schneiden. Butter mit dem Öl in einem Topf erhitzen und zunächst die Erbsen unter Rühren darin anschwitzen. Den fein geschnittenen Salat hinzufügen und alles unter Rühren etwas bräunen. Mit der Milch ablöschen, den Gemüsebrüheextrakt unterrühren und die rohe Kartoffel hineinreiben. Das Ganze abgedeckt ca. 15 Minuten garen. Zum Schluss mit dem Schneidstab pürieren.

Tipp: Eine Portion fürs Baby abnehmen und die Suppe für die Erwachsenen mit Piment, Curry und Pfeffer abschmecken.

Das Abendessen

Für das Abendessen eignet sich der Vollmilch-Getreidebrei (siehe Seite 50) oder eine Brot- und Milchmahlzeit, bestehend aus einer Scheibe Brot, bestrichen mit wenig Margarine und dem Apfel-Möhren-Käseaufstrich. Dazu gibt es eine Tasse (150 ml) Vollmilch 3,5 %.

Apfel-Möhren-Käseaufstrich

Für ca. 200 g, ab 10. Monat

100 g Möhren
100 g Doppelrahmfrischkäse
3 EL Apfelsaft
1-2 EL gehackte Petersilie

Zubereitungszeit: 10 Minuten

Die Möhre fein reiben. Frischkäse mit dem Apfelsaft in einen hohen Becher füllen und mit dem Mixer verquirlen. Die geriebene Möhre mit der Petersilie hinzufügen und alles nochmals kurz durchmischen. In ein sauberes Gefäß füllen und in den Kühlschrank stellen.

Apfel-Möhren-Käseaufstrich

Ab und zu ist Naschen erlaubt ...

Süßes schmeckt Kindern von Natur aus gut, deswegen naschen selbst Babys schon gern. Da käufliche Süßigkeiten, sogar speziell für Kinder angebotene Produkte, oftmals zu viel Zucker und Fett enthalten, sollten Sie auf selbst gemachtes Naschwerk zurückgreifen. Dann haben Sie es selbst in der Hand, welche Zutaten Sie verwenden und wie viel Sie süßen.

Petits Fours – Geburtstagskuchen für die Kleinen

Für ca. 10 Stück, ab 12. Monat

4 Eier
1 Päck. Bourbon-Vanillezucker
100 g Zucker
50 g Weizenmehl, Typ 405
20 g Speisestärke
5 geh. EL Johannisbeergelee
70 g Marzipanrohmasse
80 g Puderzucker
1 TL Zitronensaft
1 TL Kirschsaft

Zubereitungszeit: 60 Minuten
plus Backzeit

Eier in eine Rührschüssel geben und mit dem Mixer aufschlagen. Unter Rühren den mit Vanillezucker gemischten Zucker hineinstreuen und gut verrühren, bis er sich völlig gelöst hat. Mehl mit Speisestärke mischen und auf die Eiercreme sieben. Mixer auf kleinste Stufe stellen und das Mehl kurz unterrühren. Backofen auf 200° C vorheizen.

Ein Backblech mit Backpapier auslegen und die Masse darauf verstreichen. In den Backofen schieben und ca. 10 bis 15 Minuten backen. Ein Küchentuch mit Zucker bestreuen und die fertige Teigplatte darauf stürzen. Backpapier mit Wasser bepinseln und sofort vorsichtig abziehen.

Aus der erkalteten Teigplatte Blumen ausstechen. Das Johannisbeergelee mit einem Teelöffel glatt rühren und die Oberfläche der Blumen damit bestreichen. Je zwei der Hälften aufeinander setzen.

Marzipan mit 30 g gesiebten Puderzucker gut verkneten und anschließend zwischen Frischhaltefolie dünn ausrollen. Ebenfalls Blumen ausstechen und oben auf die mit Gelee bestrichenen Blumen setzen.

Eine Hälfte des restlichen Puderzuckers mit Zitronensaft, die andere Hälfte mit dem Kirschsaft verrühren und die Marzipanschicht damit verzieren. Kerzen aufsetzen.

Petits Fours

Möhren-Haferplätzchen

Für ca. 18 Stück, ab 12. Monat

1 Ei
100 g Möhren
120 g Butter
100 g Zucker
70 g Weizenmehl, Typ 405
70 g Haferflocken, blütenzart
1 geh. TL Backpulver

Zubereitungszeit: 30 Minuten

Das Ei trennen und die Möhren auf einer Reibe fein reiben. Butter in einer Schüssel schaumig aufrühren, zunächst das Eigelb und nach und nach den Zucker unterrühren. Mehl mit dem Backpulver und den Haferflocken mischen, alles unter Rühren esslöffelweise in die Schüssel geben. Danach die geriebenen Möhren unterrühren. Zuletzt das Eiweiß mit einer Prise Salz steif schlagen und mit einem Rührstab des Mixers unter den Teig heben. Ein Backblech mit Backpapier auslegen und den Teig mit einem Teelöffel häufchenweise auf das Blech setzen. Die Häufchen flachdrücken und im vorgeheizten Backofen bei 190° C ca. 12 Minuten backen.

Vanille-Maispudding mit Himbeerringel

Vanilleschote aufschlitzen und das Mark auskratzen. Das Vanillemark mit dem Zucker in einen Topf geben, die Milch dazugießen und unter Rühren zum Kochen bringen. Maismehl einstreuen und unter weiterem Rühren kurz aufkochen lassen, dann vom Herd nehmen. (Aufgetaute) Himbeeren mit wenig Wasser in einen Topf geben und unter Rühren kurz aufkochen. Die Speisestärke in 50 ml Wasser unter Rühren klümpchenfrei auflösen. Die Himbeeren durch ein Sieb streichen und nochmals erwärmen, die gelöste Speisestärke einrühren und alles nochmals kurz aufkochen. Vom Herd nehmen und erkalten lassen. Den Pudding abwechselnd mit der Himbeermasse in gläserne Dessertschälchen schichten.

Für 4 Portionen, ab 12. Monat

1/2 Vanilleschote
1 EL Zucker
1/2 l Milch
50 g Maismehl
300 g Himbeeren (frisch oder TK)
1 geh. EL Speisestärke

Zubereitungszeit: 20 Minuten plus Wartezeit

Schmand-Kirscheis

Kirschen waschen und entsteinen. Die Vanilleschote an einer Seite aufschlitzen und das Mark herauskratzen. Kirschen mit Schmand, Zucker und dem Vanillemark in einen hohen Becher füllen. Alles mit dem Pürierstab pürieren. In eine Eiswürfelbox füllen und im Tiefkühlfach zu Eis gefrieren lassen.

Für 10 Portionen, ab 12. Monat

200 g Süßkirschen
1/2 Vanilleschote
125 g Schmand
2 geh. EL Zucker

Zubereitungszeit: 15 Minuten plus Kühlzeit

Süßes **71**

Essen auf Vorrat

Beikost nach dem Baukastenprinzip

Hier finden Sie, basierend auf den bereits vorgestellten Rezepten, Monatspläne für das Mittagsmenü. Für jeden Monat gibt es einen erweiterten Plan, ausgehend von der Einführung der Beikost bis zum Ende des 9. Monats. So können Sie für jeweils den gesamten Monat die Mittagsbreie im Voraus kochen und die tägliche Zubereitungszeit reduziert sich auf wenige Minuten.

Im Haus sollten Sie stets folgende Zutaten vorrätig haben:
• Öl, z.B. Sonnenblumenöl, Maiskeimöl, Rapsöl
• Butter , Sahne
• Haferflocken, Hirseflocken
• Orangensaft, Apfelsaft plus Vitamin C, bzw. Apfelsaft mit Acerola

Speiseplan für den 4. Monat

1./2. Woche: Fortführung der Milchphase
3. Woche: Möhrchenbrei
4. Woche: Möhrchen-Kartoffelbrei

Ihre Einkaufsliste
800 g junge Möhren (Bioanbau)
350 g Kartoffeln

Möhrchenbrei

Für 7 Portionen

400 g junge Möhren (Bioanbau)

Die Möhren putzen, waschen, schälen und klein schneiden. Unter Zugabe von 150 ml Wasser ca. 10 Minuten weich dünsten. Die Möhrenstückchen mit dem Wasser fein pürieren. Gesamtmenge in 7 Portionen aufteilen und einfrieren.
Zubereitungszeit: 25 Minuten

Den fertigen Brei sofort in eine Eiswürfelform füllen, im Kühlschrank abkühlen lassen und einfrieren. Nach ca. 3 Stunden sind die Würfelchen angefroren, aber noch leicht aus der Form zu lösen. Dann werden sie in eine Tiefkühlbox oder einen Gefrierbeutel umgefüllt und sofort wieder eingefroren. Für die Mahlzeit wird jeweils die benötigte Menge entnommen und im Wasserbad oder der Mikrowelle erwärmt (Umrühren und Temperatur prüfen!). Vor dem Servieren rühren Sie einige Tropfen Maiskeim- oder Sonnenblumenöl unter die Portion.

Möhrchen-Kartoffelbrei

Für 7 Portionen

400 g junge Möhren (Bioanbau)
350 g Kartoffeln

Möhren und Kartoffeln waschen, schälen und klein schneiden. In wenig Wasser gar dünsten. Möhren und Kartoffeln mit etwas Gemüsewasser fein pürieren. Gesamtmenge in 7 Portionen aufteilen und einfrieren.
Zubereitungszeit: 30 Minuten

Essen auf Vorrat **73**

Für alle Breie gilt:

Beachten Sie, dass sich die Kochzeiten entsprechend der Mengen erhöhen. Sobald Sie die Breie püriert und portioniert haben, werden sie in Gefrierbeutel oder -dosen abgefüllt und beschriftet. Lassen Sie die Breie zuerst im Kühlschrank abkühlen und frieren Sie sie anschließend sofort ein. Zum langsamen Auftauen nehmen Sie das Mittagessen morgens aus dem Gefrierfach und legen es in den Kühlschrank. Schneller geht das Auftauen im Wasserbad (Menüs in Gefrier- und Kochfolie können Sie direkt im Beutel erhitzen) oder in der Mikrowelle. Einmal erwärmte Speisen sollen nicht warm gehalten und nicht nochmals aufgewärmt werden.

Speiseplan für den 5./6. Monat

1. Woche: 5x Möhren-Kartoffel-Geflügelbrei, 2x Kohlrabi-Möhren-Geflügelbrei

2. Woche: 4x Kohlrabi-Möhren-Kartoffel-Geflügelbrei, 3x Fenchel-Kartoffel-Geflügelbrei

3. Woche: 3x Fenchel-Kartoffel-Geflügelbrei, 4x Brokkoli-Rindfleischbrei

4. Woche: 2x Möhren-Kartoffel-Geflügelbrei, 2x Brokkoli-Rindfleischbrei, 3x Fenchel-Apfel-Geflügelbrei

Ihre Einkaufsliste

ca. 1 kg Möhren
ca. 1, 2 kg Kartoffeln
ca. 270 g Kohlrabi
ca. 750 g Fenchelknollen
ca. 700 g Brokkoli
ca. 160 g Äpfel
440 g mageres Geflügelfleisch, z. B. Putenbrust- oder Hähnchenbrustfilet
120 g mageres Rindfleisch, z. B. Tafelspitz

Insgesamt werden für diesen Monat 7 Portionen Möhren-Kartoffel-Geflügelbrei, 6 Portionen Kohlrabi-Möhren-Geflügelbrei, 6 Portionen Fenchel-Kartoffel-Geflügelbrei, 6 Portionen Brokkoli-Rindfleischbrei und 3 Portionen Fenchel-Apfel-Geflügelbrei gekocht.

Möhren-Kartoffel-Geflügelbrei

Für 7 Portionen

140 g Geflügelfleisch
630 g Möhren
280 g Kartoffeln
210 ml Orangensaft
56 g Sonnenblumenöl

Zubereitung siehe Seite 37. Die Gesamtmenge teilen Sie in 7 Portionen auf und frieren sie, wie oben beschrieben, ein.

Kohlrabi-Möhren-Geflügelbrei

Für 6 Portionen

120 g mageres Geflügelfleisch
300 g Möhren
240 g Kartoffeln
240 g Kohlrabi, geputzt

74 *Essen auf Vorrat*

6 EL Orangensaft
12 EL Apfelsaft
48 g Butter

Zubereitung siehe Seite 38. Die Gesamtmenge in 6 Portionen aufteilen und einfrieren.

Fenchel-Kartoffel-Geflügelbrei

Für 6 Portionen

120 g mageres Geflügelfleisch
240 g Kartoffeln
540 g Fenchel, geputzt
48 g Maiskeimöl

Zubereitung siehe Seite 38. Die Gesamtmenge aufteilen und einfrieren.

Brokkoli-Rindfleischbrei

Für 6 Portionen

240 g Kartoffeln
630 g Brokkoliröschen
120 g mageres Rindfleisch
48 g Sahne

Zubereitung siehe Seite 40. Die Gesamtmenge aufteilen und einfrieren.

Fenchel-Apfel-Geflügelbrei

Für 3 Portionen

60 g mageres Geflügelfleisch
120 g Kartoffeln
150 g Fenchel, geputzt
150 g Apfel
24 g Rapsöl

Zubereitung siehe Seite 40. Die Gesamtmenge in 3 Portionen aufteilen und einfrieren.

Am Ende des 5. Monats bereiten Sie für den
6. Monat noch einmal die gleichen Breie
vor. Die Reihenfolge der Speisen ist dann
frei wählbar.

Speiseplan für den 7. bzw. 8./9. Monat

1.Woche: 3x Kürbis-Kartoffel-Rindfleisch-
brei, 2x Fenchel-Bananenbrei
mit Fleisch, 2x Blumenkohl-
Zucchini-Hirseflockenbrei
2.Woche: 2x Kürbis-Kartoffel-Rindfleisch-
brei, 2x Zucchini-Bananen-
Haferflockenbrei, 3x Blumenkohl-Zucchini-Geflügelbrei
3.Woche: 2x Blumenkohl-Zucchini-
Geflügelbrei, 2x Fruchtiger
Kürbis-Haferbrei, 3x Fenchel-
Bananenbrei mit Fleisch
4.Woche: 2x Fenchel-Bananenbrei mit
Fleisch, 4x Pastinakenbrei
mit Schweinefleisch, 1x Blumenkohl-Zucchini-Hirseflockenbrei

Essen auf Vorrat **75**

Ihre Einkaufsliste

1 kg Kürbis (geputzt)
1,1 kg Kartoffeln
500 g Zucchini
700 g Fenchel (geputzt)
500 g Blumenkohl
400 g Pastinaken
2 reife Pfirsiche
4-5 Bananen
210 g mageres Rindfleisch, z. B. Tafelspitz
210 g mageres Lammfleisch, alternativ Rindfleisch
120 g mageres Schweinefleisch, z. B. Schnitzel
240 g mageres Geflügelfleisch,
z. B. Hähnchen- oder Putenbrustfilet

Insgesamt werden für den Monat 5 Portionen Kürbis-Kartoffel-Fleischbrei, 2 Portionen Fruchtiger Kürbis-Kartoffel-Haferbrei, 7 Portionen Fenchel-Bananenbrei mit Fleisch, 2 Portionen Zucchini-Bananen-Haferflockenbrei, 5 Portionen Blumenkohl-Zucchini-Geflügelbrei, 3 Portionen Blumenkohl-Zucchini-Hirseflockenbrei und 4 Portionen Pastinakenbrei mit Schweinefleisch vorbereitet.

Kürbis-Kartoffel-Fleischbrei/Fruchtiger Kürbis-Kartoffel-Haferbrei

Für 7 Portionen

700 g Kürbis (geputzt)
350 g Kartoffeln
210 g Rindfleisch
245 ml Orangensaft
56 g Öl
20 g Haferflocken
2 reife Pfirsiche
etwas Kochflüssigkeit

Kürbis-Kartoffelgemisch wie auf Seite 42 beschrieben zunächst ohne Fleisch zubereiten, pürieren und in 7 Portionen aufteilen. 2 Portionen mit den Haferflocken und der zusätzlichen Flüssigkeit versetzen, für die übrigen 5 Portionen das Fleisch hinzufügen und die beiden Varianten getrennt pürieren. In Einzelportionen aufteilen und einfrieren.

Fenchel-Bananenbrei mit Fleisch

Für 7 Portionen

700 g Fenchel (geputzt)
210 g mageres Fleisch, z. B. Lammfleisch oder Rindfleisch
3 1/2 Bananen
245 ml Apfelsaft mit Acerola
56 g Butter

Zubereitung wie auf Seite 43 beschrieben. Fertigen Brei in 7 Portionen aufteilen.

Zucchini-Bananen-Haferflockenbrei

Für 2 Portionen

100 g Kartoffeln
100 g Zucchini
100 g geschälte Banane
20 g Haferflocken
60 ml Apfelsaft mit Acerola
16 g Öl

Zubereitung siehe Seite 44. Den Brei in 2 Portionen aufteilen und einfrieren.

Blumenkohl-Zucchini-Geflügelbrei (mit Hirseflocken)

Für 8 Portionen

400 g Kartoffeln
240 g Geflügelfleisch
400 g Zucchini
400 g Blumenkohlröschen
30 g Hirseflocken
etwas Kochflüssigkeit
240 ml Orangensaft
64 g Butter

Zubereitung wie auf Seite 41 beschrieben, allerdings den Brei zunächst ohne Fleisch pürieren und in 8 Portionen aufteilen. 5 Portionen mit dem Fleisch versetzen. Zu den übrigen 3 Portionen die Hirseflocken und etwas zusätzliche Kochflüssigkeit geben.

Pastinakenbrei mit Schweinefleisch

Für 4 Portionen

200 g Kartoffeln
400 g Pastinaken
120 g mageres Schweinefleisch
140 ml Apfelsaft mit Vitamin C
32 g Sahne

Zubereitung siehe Seite 41. Den fertigen Brei in 4 Portionen aufteilen und einfrieren.

Ernährungsplan für das 1. Lebensjahr

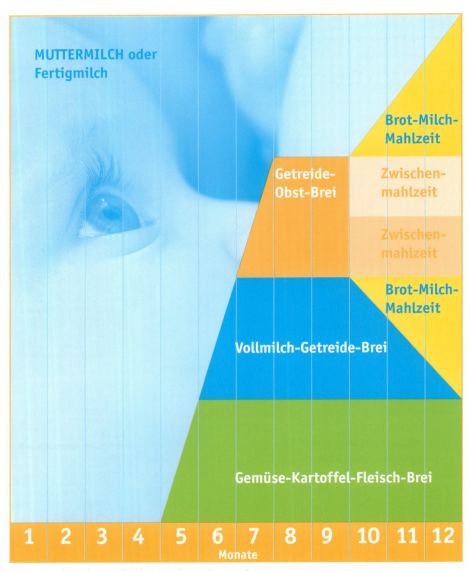

Quelle: Forschungsinstitut für Kinderernährung Dortmund

Anhang

Bei den folgenden Adressen erhalten Sie weitere Tipps zum Stillen aber auch Hilfe bei speziellen Problemen, die oftmals erst nach der Anfangsphase der Stillzeit auftreten, wie z.B. wunde Brustwarzen, Milchstau, Brustentzündungen und vieles mehr.

La Leche Liga Deutschland
Postfach 650096
81214 München
Tel.: 06851-2524

AFS Arbeitsgemeinschaft Freier Stillgruppen e.V.
AFS-Geschäftsstelle
Rüngsdorfer Straße 17
53173 Bonn
Tel.: 0228-3503871

Bund deutscher Hebammen
Postfach 1724
76006 Karlsruhe
Tel.: 0721-981890

Berufsverband Deutscher Laktationsberaterinnen IBCLC e.V.
Saarbrückener Str. 157
38116 Braunschweig
Tel.: 0531-2506990

Register

Alkohol 10
Allergien 5, 8, 15, 18 ff., 28 ff. 41, 50, 56
Antikörper 9, 19
Anti-Reflux (AR) 16
Äpfel 40, 52, 57, 66 f.,74 f.
Aprikosen 52 f., 56
Aufstoßen 11, 16

Bakterien 42
Banane 5, 43 f., 52, 56, 58, 61, 75 f.
Beikost 5, 15, 20 ff., 24, 31 f., 73
Birnen 6, 52, 57
Blähungen 11
Blumenkohl 44, 48, 62, 75 ff.
Bohnen 60
Brokkoli 20, 40, 44, 46, 63, 74 f.

Carotin 34
Calcium 20
Crème fraîche 40, 61, 64

Darmflora 9, 29
D-Fluoretten 12
Dinkel 21, 56
Durchfall 14, 19, 20, 22

Eiweiß 9, 15, 19 ff., 30, 37, 56, 70
Eisen 25, 38 f., 44, 49, 50
Energie 5, 9 f., 24, 37
Erbrechen 20
Erdbeeren 20
Erkrankung 8, 14, 22
Ernährung 5, 19 ff., 27, 50

Fenchel 5, 20, 30, 38 ff., 43 f., 49, 74 ff.,
Fertigkost 26
Fett 9, 21 f., 25, 28, 37, 41, 50, 56, 60, 68
Fettsäuren, ungesättigte 9, 28
Fieber 14
Fisch 20
Fleisch 21, 24 f., 27 f., 36 ff., 42 ff., 50, 60, 75 f.
 -Geflügel 28, 37 f., 74 ff.
 -Kalb 28, 37, 42
 -Lamm 6, 28, 43, 76
 -Pute 28, 38, 40, 74, 76
 -Rind- 28, 37, 40 ff., 74 ff., 76
 -Rinderhack 62
 -Schwein 28, 37, 41, 75 ff.

Flocken 29
  -4-Korn- 49, 54
  -Baby-Reis- 52
  - Getreide- 29, 61
  -Hafer- 44, 53, 57, 70, 73, 75 f.
  -Hirse- 6, 48, 57, 62 f., 73, 75 ff.
  -Instant-Hafer- 18, 48, 52, 58
  -Reis- 29, 46, 52, 58
  -Schmelz- 29
  -Vollkorn- 18
Fluorid 12
Fluor-Vigantoletten 12
Frischkäse 61

Gegrilltes 60
Gemüse 10, 21, 24, 27 f., 31, 36 ff.,
40, 46, 49 f., 60, 66
Gerste 21, 49
Getreide 6, 24, 28f., 49 f., 50, 52,
54, 56
Gewicht 5, 13 f., 22
Gläschenkost 25 f., 31
Gluten 21 f., 44, 52 ff.
Grieß 29, 46, 58

Hafer 21, 48 f., 58, 75 f.
Hebamme 9 f., 79
Hefe 61
Himbeeren 54, 71
Hirse 22, 44, 48, 56, 62 f.
Honig 20, 29
Hülsenfrüchte 10
Hüttenkäse 62 f.

Infektionen 19

Jod 50
Joghurt 61

Kaffee 10
Kamille 30
Karies 12
Kartoffel 10, 21, 24, 27 f. , 34, 36 ff.,
44, 46, 48 ff., 60, 62, 64, 66, 73-77
Kinderarzt 10, 12, 14, 18, 20
Koffein 10
Kohlenhydrate 15
Kohlrabi 20, 38, 74
Krankheiten 8, 17, 50
Kuchen 22
Kupfer 50
Kürbis 34, 42, 48, 75 f.

Lactose 16, 18
Laktationsberaterinnen 10, 79
Linolsäure 9, 50

Lochstärke 17

Magerquark 64
Mais 22, 46, 53, 56
Mango 58, 61
Medikamente 8
Mehl 28, 62, 68
  -Maismehl 53, 71
  -Reismehl 54
  -Vollkornmehl 64
  -Weizenmehl 61, 64, 66, 70
  -Weizenvollkornmehl 20, 50, 52-
  54, 56, 66
Mineralien 9, 15, 38
Möhren 5, 18, 24, 31, 34 ff., 38, 46
f., 66 f., 70, 73 f.

Nährgehalt 15
Nährstoffe 5, 17, 20 ff., 24 f., 27,
36, 50
Nektarine 58
Nitrat 16, 31, 42
Nitrit 16, 42
Nudeln 24, 36

Obst 6, 10, 24, 28, 48, 50, 52 f., 56,
61 ff.
Öl
  -Keimöl 28
  -Maiskeimöl 18, 21, 28, 36, 38, 46,
  48, 63, 73, 75
  -Olivenöl 63
  -Pflanzenöl 21, 25, 28
  -Rapsöl 18, 21, 25, 28, 40, 42, 66,
  73, 75
  -Sonnenblumenöl 18, 21, 28, 37 f.,
  44, 73 f.
Orange 38, 53

Pastinaken 41, 76 ff.
Pfirsich 48, 53, 76
„Pre" Produkte 14 f.
Protein 9, 16

Rachitis 12
Rauchen 10
Reis 22, 24, 36, 46, 54, 56 f.
Roggen 21, 49

Saccharose 15, 18
Saft
  -Apfel 28, 38, 40 ff., 48 ff.,66, 73,
  75 ff.
  -Frucht 20, 30
  -Gemüse 30
  -Kirsch 68

-Möhren 30
-Obst 18, 26, 28, 50, 52, 60
-Orangen 38, 41 f., 46, 48, 50 ff.,
62 f., 73 ff.,
-Trauben, rot 57
-Zitronen 68
Sahne 28, 34, 40 ff., 57, 62 f., 73,
75, 77
Schokolade 20
Sensibilisierung 19 f.
Spinat 38, 42
Spurenelemente 15
Stärke 18, 66, 71
Stillen 5, 8ff., 11 f., 19 f., 79,
Suppen 22, 53

Tee 10, 14, 17, 30, 38, 40
Trockenobst 58 f.

Übelkeit 20

Vanilleschote 71
Vegetarisch 6, 16, 24, 26, 44, 46, 48 f.
Verdauung 9 f.
Verstopfung 34
Vitamine 9, 15, 18, 25, 38, 53
Vitamin C 25 f., 28, 36, 38, 43 f.,
49 f., 73, 77
Vollkorn 18, 61
Vorratsbreie 6

Wachstum 6, 22
Wasser
  -Leitungswasser 16
  -Mineralwasser 10, 16, 30, 64
  -qualität 16
  -Trinkwasser 10, 16, 30
  -haushalt 14
Wasserbad 12, 27, 73 f.
Weintrauben 54, 57
Weizen 21, f., 49, 56, 61

Zöliakie 18, 21 f.
Zucchini 34, 41, 44, 48, 64, 75 ff.
Zucker 9, 15, 30, 53, 63 f., 68, 70 f.,
Zwieback 52, 61

80   *Register*